||||||||| ||| ||||| |||| ||| |||||
D1663938

ausgesondert

Bücherei Ruhstorf a.d Rott
M – 00004795

Wilhelm Diess • Madeleine Winkelholzerin

Wilhelm Diess

Madeleine Winkelholzerin

Ausgewählte Geschichten

Herausgegeben von Hans Göttler

Edition Töpfl, 94113 Tiefenbach

Impressum:
© 2003
1. Auflage
Verlag: Edition Töpfl, 94113 Tiefenbach
Tel. 08509/672, Fax 08509/847
e-mail: info@druckerei-toepfl.de

ISBN 3-927108-65-0

INHALT

Vorwort des Herausgebers 7
In der Wachau 13
Die Marbauernbuben 17
Verzula 19
Die gefrorenen Stiefel 23
Das Bombardon 29
Der Loipertshamer, Gott hab' ihn selig 33
Wespen 37
Ewige Rauferei 41
Der Schmied von Galching 49
Die Halsbinde 53
Reitunterricht 57
Der echte Piloty 63
Es wird gebohrt 69
Die Konkurrenz 73
Ikarus 97
Auf der Himmelsleiter 105
Der Schmied Dirian 115
Der kleine Stall 129
Madeleine Winkelholzerin 149
Papst Damasus II. 181

Anhang 193
Zeittafel zu Leben, Werk und Nachwirkung 195
Raimund Eberle: Erinnerungen an Wilhelm Diess 211
Literatur über Wilhelm Diess (Auswahl) 215
Hinweise zur Textgestalt 219
Bildnachweis 221
Zum Herausgeber 223

Vorwort des Herausgebers

Im Dezember 1999, noch rechtzeitig zum Christkindl, konnte ich im Töpfl-Verlag Tiefenbach einen kleinen, aber schmucken Auswahlband mit Geschichten von Wilhelm Diess (1884 - 1957) herausbringen. Das Buch, versehen mit dem Erscheinungsjahr 2000, erhielt den Titel „Ein eigener Mensch", nach einer gleichnamigen Erzählung des Verfassers aus dem Jahre 1950. Ein eigener Mensch, das ist laut Wilhelm Diess einer, der Eigenschaften zeigt, die ihn von seiner Umgebung abheben, eine Charakterisierung, die für die literarischen Figuren des aus Niederbayern stammenden Autors wie auch für ihn selbst zutrifft. Der Band kam bei der Leserschaft wie auch bei der Kritik gleichermaßen gut an. So urteilte beispielsweise Harald Grill, ein namhafter Vertreter der zeitgenössischen Literatur in Bayern, über das Buch: „Für mich sind einige dieser Geschichten in der Nachbarschaft von Weltliteratur zu Hause, denn sie führen mit ihrer Erzählkunst über das beispielhaft Bairische weit hinaus ins Existentielle, ohne dabei ihren Wurzelgrund zu verleugnen." Inzwischen liegt die Ausgabe in der dritten Auflage vor, seit dieser dritten Auflage sogar noch etwas edler und eleganter ausgestattet: das Buch erhielt nämlich ein Lesebändchen!

Im vorigen Jahr trat dann Prof. Dr. Johannes Kemser, der Enkel von Wilhelm Diess, an mich mit der Frage heran, ob man nicht nach dem Erfolg des ersten Bandes einen zweiten herausbringen sollte, um noch mehr der Geschichten von Wilhelm Diess unter die Leute zu bringen und die Erinnerung an ihn und sein Werk wachzuhalten. Nachdem der Töpfl-Verlag diesem Vorschlag freundlicherweise zugestimmt hatte, machte ich mich also an die Zusammenstellung eines zweiten Bandes, der in Aufbau und gediegener Ausstattung dem ersten gleichen sollte.

Das neue Buch enthält nun weitere zwanzig Geschichten

von Wilhelm Diess, wobei die für den Erzähler typischen Stegreifgeschichten besonders stark vertreten sind. Das Buch „Stegreifgeschichten" (1936) hatte einst den schriftstellerischen Ruhm des ursprünglich nur mündlich erzählenden Juristen Dr. Wilhelm Diess begründet, dem dann vier weitere, am Schreibtisch entstandene Bücher folgten: „Das Heimweh" (1940), „Der kleine Stall" (1947), „Der singende Apfelbaum" (1950) und „Madeleine Winkelholzerin. Schicksal eines liebenden Herzens" (1954). Auch aus diesen vier Büchern, die alle noch zu Lebzeiten des Autors erschienen sind, wurden mehrere Geschichten und Erzählungen aufgenommen, etwa „Die Konkurrenz", die das Pferderennen in seinem Rottaler Heimatdorf Pocking beschreibt, oder „Der kleine Stall", eine Geschichte, in der Wilhelm Diess als Bauer zu Wort kommt, der er seit 1925 ja auch gewesen ist, ein Bauer allerdings, der sich – Gott sei Dank! – noch nicht um irgendwelche EU-Agrarrichtlinien und -vorschriften aus Brüssel zu kümmern hatte. Der Bauer ist bei Diess vielmehr ein Partner in einem Vertrag mit anderen Partnern: Boden, Wiese, Wald und Vieh; eine traditionell-konservative Sicht auf Mensch und Schöpfung, die heute geradezu modern anmutet!

Alle bei Diess vorkommenden Personen sind eigene Menschen im eingangs erwähnten Sinne, der Loipertshamer, der Schmied von Galching, der Simon Geisreiter aus „Die Konkurrenz", der Severin Urlhart aus „Ikarus" wie auch der Winkelholzer und seine französische Ehefrau Madeleine. Und sogar die Tiere kriegen bei Diess einen eigenen, ganz unverwechselbaren Charakter, man denke nur an die Vogleder-Pferde („Die Konkurrenz"), Diessens eigenes Reitpferd in der Geschichte „Reitunterricht" oder an die mit eigenen Namen und individuellen Wesenszügen ausgestatteten Kühe in „Der kleine Stall". Diese heißen Schwammerl, Edelweiß, Schweizerin, Lina, Rosl, das sieben Wochen alte Töchterchen der Schwammerl trägt den Namen Kranzei, und den Ochsen schließlich nennt man Mandei. Welch ein Unterschied zur heute üblichen Massentierhaltung!

Es kommt hinzu, daß die Tiere bei Diess in ihrem Denken, Fühlen und Handeln im Vergleich mit den bei Diess vorkommenden Menschen die weitaus Gescheiteren, Einsichtigeren, ja Weiseren sind, die im Tun und Trachten der ihnen ebenbürtigen Menschen oft wenig Sinn erkennen können, z.B. in deren tagtäglicher Hektik, ihrer ständigen Raserei. Gemeinsam dagegen ist allen Lebewesen laut Diess die ungeheure Schwierigkeit, einmal gemachte Erfahrungen nutzbringend für das eigene Leben zu verwerten.

Die Geschichten aus dem ersten und dem nun vorliegenden zweiten Diess-Band weisen aber auch noch andere Gemeinsamkeiten auf: die kritische Skepsis des Autors gegenüber den sogenannten Experten in allen Ämtern, Institutionen und Ständen, seine Angst vor einem Fortschritt, der dem gerade herrschenden Zeitgeist hinterherläuft, die Dominanz kleiner Mißgeschicke im oft allzu menschlichen Alltag und das Scheitern des Einzelnen an ihnen, das den Worten genau auf den Grund gehen, was zu Irritationen und Mißverständnissen führen kann, die mitunter an den „Sprachfiesler" Karl Valentin erinnern; man lese gerade unter diesem Aspekt die Geschichten „Wespen" oder „Die Halsbinde"!

Das alles wird dem Leser ungekünstelt und ganz natürlich dargeboten, in einer bestechend schönen, variantenreichen altbairischen Sprache – die aber auch außerhalb der bairischen Sprachgrenzen gut verstanden werden kann –, gelassen und ruhig dahinfließend, wie die vielen Wasser, die in seinem Werk vorkommen, oft ironisch und immer eher distanziert, stets mit herrlichen sprachlichen Bildern versehen. Da wird ein alter, vernachlässigter Fußweg („Ikarus") mürrisch, weil er sich überflüssig vorkommt, da gibt es Beine, die fröhlich sein dürfen, da sehen wir einen alten Bauernhof, der seit Jahrhunderten sein breites, freundliches Angesicht der Sonne darbietet, und da ist die Rede von der Ledertasche eines Postboten, die am Ende eines langen Arbeitstages „für heute genug" hat.

Neben den schlichten Anfängen und den oft lapidaren Schlüssen der Diess-Geschichten fallen dann oft ganz bestimmte, einzelne Sätze von sprachlicher Einfachheit, aber geradezu ergreifender Schönheit auf, wie sie eben nur Wilhelm Diess sagen und schreiben konnte, ohne dabei in ein falsches Pathos zu verfallen. Ein solcher Satz etwa steht in der Geschichte „Die gefrorenen Stiefel", wenn der mutterseelenallein dahin wandernde Wilhelm Diess mitten in der unberührten Schneelandschaft staunend und beglückt feststellt: „Oben auf der Schneid des Hohen Bogen habe ich die ganze Welt gesehen." Die Schilderung des Übergangs vom Spätsommer zum Frühherbst in „Der kleine Stall" wäre ein anderes Beispiel für Diessens Sprachkunst: „Die Farbe hat ihre Herrschaft angetreten auf der Erde, in der Luft und am Firmament, eine Herrschaft, die niemand und nichts ausnutzen und unterjochen will, deren milde Macht sich darin erschöpft, zu bezaubern und zu beglücken."

Diese beeindruckende und stimmige Beschreibung des Herbstes gilt in übertragener Weise auch für des Dichters breite epische Erzählweise, die mit allen literarischen und rhetorischen Kunstmitteln arbeitet, ohne daß das nun aufdringlich und irgendwie störend wirken würde. Sie weist gleichsam auch eine milde Macht auf, die den Leser in den Bann zieht und ihn bezaubert und beglückt. Beim Aufspüren solcher philosophischer Weisheiten und sprachlicher Schmucksteine geht dem kundigen Leser dann auch auf, was Wilhelm Diess für unsere Literatur und Dichtkunst wirklich bedeutet: Er verkörpert Bayern, Altbaiern insbesondere, und repräsentiert Welt.

Der Titel dieses Auswahlbandes stammt aus dem letzten, 1954 erschienenen Buch von Wilhelm Diess „Madeleine Winkelholzerin. Schicksal eines liebenden Herzens", dem mit – in der Originalausgabe – achtzig Druckseiten längsten

Einzeltext des Autors, den Diess über Jahre hinweg immer wieder ergänzt, erweitert und überarbeitet hat. Die selbstbewußt-sanftmütige Französin, die nach 1918 in einen oberbayerischen Bauernhof einheiratet, ist dabei – wie oben erwähnt – auch ein eigener Mensch im Sinne von Wilhelm Diess, einer, der sich von der Masse abhebt und nicht im allgemeinen Strom mitschwimmt; sie ist damit typisch für die literarischen Figuren, die Diess geschaffen hat. Das Leben dieser Madeleine Winkelholzerin und ihrer Familie mag dabei durchaus auch als ein gelungenes Beispiel deutsch-französischer Freundschaftsbeziehungen gelesen und verstanden werden. Wilhelm Diess, der stets von humanen und völkerverbindenden Idealen bewegt war, wäre wohl mit der Titelwahl einverstanden gewesen, gerade auch im 40. Jubiläumsjahr des deutsch-französischen Freundschaftsvertrags.

Der Winkelholzerhof in der Diess-Geschichte ist ein Modell dafür, daß Eigenes und Fremdes sehr wohl zusammen leben und zusammenwachsen können.

Mein Dank gilt gleichermaßen der Familie von Wilhelm Diess und dem Verlag Töpfl für die gute Zusammenarbeit bei der Erstellung des Bandes. Des weiteren danke ich besonders herzlich Herrn Regierungspräsident von Oberbayern a.D. Raimund Eberle, einem früheren Studenten von Prof. Dr. jur. Wilhelm Diess, für die Erlaubnis, die aus der persönlichen Begegnung gespeisten Erinnerungen an seinen Universitätslehrer in diesem Band abdrucken zu dürfen. Ein herzliches Dankeschön für ihre tatkräftige Unterstützung gilt den Damen und Herren vom Bayerischen Hauptstaatsarchiv München, die mir den Zugang zu den Personalakten von Wilhelm Diess ermöglichten, so daß die Zeittafel im Anhang ergänzt und überarbeitet werden konnte. Ebenso herzlich danke ich Prof. Dr. jur. Michael Kobler, em. Ordinarius für Bürgerliches Recht und Deutsche Rechtsgeschichte an der Universität Passau, für seine sachkundigen Hinweise zur Bairischen Sprache. Prof. Dr.

Winfried Becker, Ordinarius für Neuere und Neueste Geschichte an der Universität Passau, danke ich für die Überlassung einer Wilhelm Diess betreffenden Quelle im Bayerischen Hauptstaatsarchiv München. Herrn Paul Praxl (Stadtarchiv Waldkirchen) danke ich schließlich für den freundlichen Hinweis auf ein Zitat Wilhelm Hausensteins über Wilhelm Diess in einem Brief an Carl Jacob Burckhardt aus dem Jahre 1952, das im vorderen Klappentext Aufnahme gefunden hat.

Ich widme das Buch meiner Frau Maria Osterholzer, der kraftvollen und umsichtigen Regentin auf dem Osterholzerhof in Osterholzen!

Hans Göttler

In der Wachau

Damals, im Jahre 1911, war ein unendlich heißer Sommer. Geregnet hat es überhaupt nicht, die Sonne hat immerzu geschienen, und diese Gelegenheit hab ich benutzt, um zu Fuß von Passau nach Wien zu gehen, längs der Donau. Es ist das ein sehr schöner Weg, auf dem man eines Tages in die Wachau kommt. Die Wachau bringt einen sehr guten Wein hervor. Unterwegs hab ich viel erlebt, das ist aber eine Geschichte für sich.

So Mitte Juli bin ich morgens um halb acht Uhr des Wegs von Maria Taferl heruntergekommen nach Melk. Ich hab das Kloster besichtigen und gleich wieder weitermarschieren wollen. Aber der Besuch des Klosters ist um diese Zeit nicht möglich gewesen; man hat mir gesagt, das geht erst um zwei Uhr nachmittags.

Die Besichtigung des Klosters wollte ich nicht versäumen, ich hab mich infolgedessen in das Klosterstüberl verfügt. Das hätte ich nicht tun sollen! Es war erst acht Uhr, der Klosterwein war, wie er in allen Gedichten beschrieben ist, gut und hat ausgezeichnet geschmeckt, die Zeit hat sich aus dem Lokal entfernt und hat mich mit dem Heurigen und einem großen Wohlbehagen allein gelassen. Bis zwei Uhr nachmittags bin ich jeder Erdenschwere enthoben und restlos glücklich gewesen.

Um zwei Uhr bin ich dann durch flimmernde Hitze zum Kloster gegangen zur Besichtigung. Es sind schon eine Menge Leute dagewesen, zu denen ich mich gestellt habe. Ich höre von weither eine Stimme. Jedenfalls hat da einer erklärt. Was er erklärt hat, weiß ich nicht. Die Leute um mich haben auf einmal zu schwimmen angefangen; man hat mich geschubst und geschoben, und ich bin auch vorwärtsgeschwommen.

Wie wir so eine Zeitlang geschwommen sind, taucht plötzlich eine riesengroße weiße Wolke vor mir auf und die ferne Stimme sagt, dieses Federkissen hat die Kaiserin Maria Theresia eigenhändig für das Kloster gestickt. – Die Wolke hat sich langsam entfernt, und wir sind weitergeschwommen, durch unendlich viele Zimmer, und überall war die Stimme; ich hab aber nichts verstanden und weiß nicht, was sie gesagt hat. Dann sind wir wieder in die Sonne gekommen, und auf einmal hat mich einer hinten am Hosenbund gefaßt und zurückgerissen. Das war auf einer offenen Balustrade, wo Napoleon einmal gestanden und zur Donau hinuntergeschaut hat. Das wollte ich auch, und ich wäre über mein Vorhaben unfehlbar hinuntergestürzt, wenn ich nicht zurückgerissen worden wäre. Das hat mich etwas zu mir gebracht, aber nicht lange.

Wir sind nun in die Bibliothek, wo es kühl war, viel schöner als draußen in der Hitze, und ich hab mich in einen tiefen Ledersessel gesetzt und bin eingeschlafen. Aber man hat mich nicht in Ruhe gelassen. Einer hat mich am Arm gerüttelt und gesagt: „Das gibt es nicht, daß man sich da hineinsetzt." Ich hab mich also wieder erhoben.

Dann sind wir in die Kirche gekommen. Da war es dämmerig und still und die Bänke haben mir gleich gefallen. Ich hab mich in eine Bank gesetzt. Eine innere Stimme hat mir gesagt, daß das wieder jemand nicht passen wird, aber ich bin entschlossen gewesen, hier zu bleiben. Es ist mir nicht geglückt. Ein überlebensgroßer, eisgrauer Mann ist vor mir erschienen und hat gesagt, daß ich da nicht bleiben darf. Ich bin also wieder aufgestanden.

Die Besichtigung ist vorbei gewesen, die Menge zerstoben. Vor dem Klosterportal, auf einer kahlen Wiese hab ich mich dann hingelegt und endlich geschlafen. Ich hab mir gesagt, daß mich hier niemand mehr wegbringt; das war vielleicht um vier Uhr. Ich bin dadurch wieder aufgewacht, daß mir ein Mensch ein Stück Holz in den Mund gesteckt hat. Es war aber niemand da, und es war auch kein Holz, es war meine eigene Zunge. Ich war in der Hitze völlig ausgedörrt. Da bin ich aufgestanden, hab meinen Rucksack genommen und bin weitermarschiert, die halbe Nacht hindurch, bis nach Weißenkirchen.

Weißenkirchen liegt am linken Ufer der Donau, besitzt eine ganz wundervolle Kirche von robustem Äußeren, ein schönes altes Wirtshaus und ist leer gewesen von Sommerbesuchern. Da bin ich ein paar Tage geblieben. Untertags bin ich im Wasser gewesen, am Ufer herumgelegen, und abends hab ich mich im Wirtsgarten unter den alten Efeu gesetzt und hab mit alten und jungen Leuten Wein getrunken. Um zehn haben sich die Gäste verlaufen, um elf ist die Kellnerin ins Bett, die mir noch gesagt hat, wo der Wein ist, falls ich noch einen wollte. Ich wollte noch, hab mir selber eingeschenkt, und so um Mitternacht bin ich dann auch ins Bett gegangen, nicht ohne daß ich mir aus einem großen Korb voll Marellen, der im Gang stand, eine Handvoll mitgenommen hab; die hab ich noch gegessen, und dann hab ich mich hingelegt.

Mein Zimmer ging nach dem Hof hinaus. Das Fenster hab ich immer auf gehabt, und weil der Wein gut war, hab ich auch jede Nacht ganz fest geschlafen.

Einmal bin ich aber doch aufgeweckt worden. Von weither hör ich im Schlaf das Bellen des Hofhundes. Ich wehre mich dagegen, will mich nicht durch das Gebell aus dem Schlaf zerren lassen. Aber es ist hartnäckig, faßt immer wieder zu, läßt nicht aus und bringt mich richtig in den Zustand des halben Wachseins, wo es nun leichtes Spiel hat. Ich höre jetzt deutlich das Bellen in der Nähe, höre, wie der Hund auf dem Bretterstapel vor meinem offenen Fenster aufspringt, und ich begreife langsam – und werde dabei immer mehr wach –, daß das Bellen mein Zimmer angeht. Zögernd fange ich zu überlegen an und denke dabei an mein Geld (es war wenig genug), das in der Tasche meiner Lederhose steckt. Die Lederhose liegt auf dem Stuhl neben dem Bett.

Das, denke ich, kann ich ja tun: nachschauen, ob das Geld noch da ist. Dazu hätte ich mich herumdrehen müssen. Soweit reichte aber weder mein Wachsein noch mein Interesse.

Ich vollführe also mit dem rechten Arm, bei unveränderter Körperlage, einen großen Bogen nach rückwärts und taste abgewandt nach der Lederhose. Als ich an Ort und Stelle zu sein glaube, fasse ich zu und ergreife statt der Lederhose – eine Hand.

Die beiden Hände fahren wie der Blitz auseinander, und ich bin hellwach. Dann hör ich einen Rumpler – umgedreht hab ich mich immer noch nicht – hör jemand zum Fenster und hinaus auf die Bretter springen (das war der Eigentümer der anderen Hand) – hör den Hund wütend heulen, dann ist's still, und was noch an Lärm nachkommt, ist schon weiter weg und um die Ecke. Ich bin dagelegen mit meinem Schrecken, hab mich nicht gerührt, eine ganze Zeit. Hernach hab ich mir überlegt, was mach ich jetzt, soll ich aufstehen und das Fenster schließen, soll ich nachschauen, ob irgendwas fehlt?

Ich hab beides nicht getan. Ich hab mir gesagt – und ich war sehr froh, daß mir das eingefallen ist –, daß der Herr, der sich vorhin so rasch entfernt hat, nicht mehr kommt, und ob was fehlt, kann ich am Morgen auch feststellen. So bin ich wieder eingeschlafen.

Am nächsten Morgen hab ich erst gemerkt, wie sehr ich erschrocken bin. Das Geld war noch vorhanden, aber der Schrecken auch. Ich muß ehrlich sagen, daß ich in meinem ganzen Leben über nichts mehr so erschrocken bin wie über die fremde Hand in Weißenkirchen in der Wachau.

Die Marbauernbuben

Der Marbauernhof ist eine Einöde. Er liegt an der Rott, versteckt hinter alten Weiden. Einöden hat er als entfernte Nachbarn. Zum Pfarrdorf hat der Marbauer eine gute Wegstunde.

Einmal hat die Marbäuerin zwei Buben, Zwillinge, zur Schule gebracht. Sie hat sie dem Hilfslehrer abgeliefert und ist wieder heim. Die Buben sind dageblieben, sind nicht voneinander gewichen und haben kein Wort geredet. Am ersten Tag nicht und später auch nicht. Der Hilfslehrer hat auf jede Weise versucht, sie zum Reden zu bringen. Er hat sie mit Zuckerzeltchen listig gelockt – die haben sie mit unbewegten Mienen hingenommen, in den Mund gesteckt, gesagt haben sie nichts. Er hat sie plötzlich angebrüllt, er hat sie getrennt gehalten, er hat sie in den Glockenturm der Kirche gesperrt, er hat sie fürchterlich hergeschlagen – alles umsonst. Sie haben alles ertragen, sie haben gelitten, aber geredet haben sie nichts, kein Sterbenswörtchen. Dann ist der Hilfslehrer endlich zu meinem Vater gegangen, hat ihm gesagt, daß er da zwei Hundsbuben hat, die um keinen Preis der Welt das Maul aufmachen – ob vielleicht mein Vater was ausrichten kann mit ihnen. Mein Vater hat gefragt, wo sie her sind. Als er gehört hat, sie kämen vom Marbauern, hat er gesagt, Hoffnung sei da nicht viel. Wenn sie nicht wollten, würden sie niemals reden, und wenn man sie in die Luft sprengt. Mein Vater hat's mit den Listen probiert, die ein alter Schulmeister so nach und nach sich aneignet. Er ist mit ihnen auf eine Roßweide gegangen und hat sie über die Rösser ausgefragt. Sie hätten viel zu sagen gewußt, und man hat gemerkt, es ist schwer gewesen, nichts zu sagen – aber sie sind stumm geblieben, haben sich gegenseitig angeschaut und die Lippen aufeinandergepreßt. Er hat sie bei einer Rauferei auf dem Platz vor der Schule beobachtet. Sie haben ihre Arbeit richtig gemacht, haben ordentlich zugedroschen, aber am Kriegsgeschrei haben sie sich nicht beteiligt. Bei dem nachfolgenden Verhör haben sie sich nicht gerührt.

Nun sind der Marbauer und sein Weib vor die Schule geladen worden. Sie haben trocken geschaut, sich gewundert, weil die Buben zu Hause schon reden, aber gewußt haben auch sie nicht, wie man sie in der Schule dazu bringen könnte, etwas zu sagen.

Da hat man sie halt gehenlassen, die Marbauernbuben. In ihren Leistungen waren sie nicht schlecht. Sie haben saubere Buchstaben und Ziffern gemacht, haben auf ihren Schiefertafeln gerechnet, sind in der Fibel mit dem Finger die Zeilen auf und ab gefahren – so ist die Zeit auch vergangen.

Im Herbst an einem Nachmittag nach der Schule geht mein Vater mit mir die Rott entlang. Es war um die Zeit des Kartoffelklaubens. Wie schön diese Zeit ist, kann nur der wissen, der im Rottal aufgewachsen ist. Wir gehen behutsam dahin, riechen Kartoffelfeuer, schauen zu, wie der Gerauer eine schwere Kartoffelfuhre mit zwei braunen Rössern, über die man alles vergessen kann, aus dem Acker reißt, schieben uns weiter und hören hinter Weiden ein lautes Schnalzen, Jodeln, Lachen, Schreien und dann ein Lied, gesungen von zwei klingenden Bubenstimmen.

Als wir genug zugehört haben, schauen wir nach, wer da so schön singen kann: es sind die stummen Marbauernbuben.

Verzula

Früherszeiten konnte der Angeklagte zur Schwurgerichtsverhandlung einen Zeugen mitbringen, und der mußte auch vernommen werden, wenn der Vorsitzende des Gerichtes und der Staatsanwalt rechtzeitig davon verständigt waren und der mitgebrachte Zeuge beim Zeugenaufruf zu Beginn der Verhandlung zur Stelle war und aufgerufen wurde.

Da hat einmal vor einem bayerischen Schwurgericht eine große Verhandlung angestanden mit zahlreichen Angeklagten. Unter deren Verteidigern hat sich ein junger Rechtspraktikant befunden, der von Amts wegen bestellt worden ist und der sich seiner Aufgabe mit besonderem Eifer angenommen hat. Der hat kurz vor der Verhandlung die Überzeugung gewonnen, daß ein Zeuge, von dem bisher nicht die Rede gewesen war, der böhmische Schneider Verzula, die Unschuld des ihm anvertrauten Angeklagten an den Tag bringen würde; er hat wegen Kürze der Zeit diesen Zeugen unmittelbar geladen und hiervon ordnungsgemäß schriftlich den Vorsitzenden und den Staatsanwalt verständigt.

Der Zeuge ist auch richtig erschienen und vor Beginn der Verhandlung in der Schar der zahlreichen Zeugen vor den Richtertisch getreten und hat die allgemeine Belehrung über die Pflicht der Zeugen zur Wahrheitsangabe angehört – aber als der Vorsitzende die Zeugen dann einzeln mit Namen aufgerufen hat, ist er nicht aufgerufen worden. Die schriftliche Mitteilung des Rechtspraktikanten nämlich ist irgendwo hängengeblieben gewesen und ist dem Vorsitzenden beim Zeugenaufruf nicht vorgelegen. Die Zeugen sind aus dem Sitzungssaal entlassen worden, und die Verhandlung hat nun begonnen. Der Rechtspraktikant hat nichts gemerkt gehabt. Da er aber vorher den anderen Verteidigern sehr stolz von seiner Entdeckung, dem böhmischen Schneider Verzula, erzählt gehabt hat und diese auf den Mann neugierig gewesen sind, haben sie ihn aufmerksam gemacht, daß Verzula nicht aufgerufen worden ist und nicht vernommen werden kann, wenn das nicht sogleich nachgeholt wird.

Während im Hintergrund die Zeugen sich langsam der Tür zu drängen, erhebt sich der Rechtspraktikant und gibt ein Zeichen, daß er etwas zu sagen hat. Der Vorsitzende, ein alter Herr am Ende seiner Richterlaufbahn, ausgeglüht im Feuer ungezählter Strafverhandlungen, ist längst nicht mehr willens, übereifrigen jungen Leuten alles nachzusehen, da er weiß, daß sie immer nur aufhalten und daß doch nichts dabei herauskommt, wenn man ihnen nachgibt.

Da hat er also schon wieder so einen. „Was gibt's?" fragt er kurz. Der Rechtspraktikant merkt, es wird gewünscht, er soll sich auch kurz fassen, und da die Sache sonnenklar ist, der Vorsitzende nur etwas übersehen hat, – die schriftliche Mitteilung hat er ja rechtzeitig bekommen – genügt es durchaus, dem Vorsitzenden das Stichwort zu geben, den Namen des Zeugen zu nennen, den er nicht aufgerufen hat. Er sagt also mit einer verbindlichen Bewegung und einem Blick: Sie haben was übersehen, macht aber nichts, ich rede nicht weiter darüber – nichts als: „Verzula."

Der Vorsitzende hat das Wort in seinem Leben nicht gehört. Er beugt sich vor, hält die Hand hinters Ohr und schaut den Rechtspraktikanten auffordernd an. „Verzula", wiederholt dieser, langsam und deutlich und betont jede Silbe.

Der Richter denkt einen Augenblick nach, lehnt sich zurück, schüttelt den Kopf, schaut zu seinen Beisitzern hin und sagt: „Versteh ich nicht, setzen Sie sich."

Das sagt er so, daß sich der Rechtspraktikant wirklich niedersetzt, obwohl er nichts ausgerichtet hat. Er ist verdutzt. Er schaut nach rückwärts und sieht, die letzten Zeugen werden gleich draußen sein, und der Vorsitzende schlägt oben hurtig den Akt auf. Es pressiert. Er erhebt sich rasch und tritt einen Schritt vor.

„Stören Sie mich doch nicht, was wollen Sie denn?"

„Entschuldigen Sie bitte, Ver-zu-la."

Deutlicher und kürzer kann er's nicht mehr sagen. Zum Teufel, ein wenig muß der Vorsitzende seinen Kopf doch auch beisammen haben. Der wendet sich wieder fragend an die Richter, die neben ihm sitzen – die zucken mit den Achseln; machen eine Handbewegung, daß sie keinen Aufschluß geben können –, beugt sich nochmals weit vor, schließt das linke Auge und fragt in einem unheimlichen Flüsterton: „Was?"

Jetzt verliert der Rechtspraktikant langsam die Geduld. Der Ton, in dem er dieses Mal Verzula sagt, enthält Empörung und den Hinweis, daß er nun andere Saiten aufzieht.

„Sie sagen da immer ein Wort – ich kenne das Wort nicht, niemand kennt es –, ich verstehe Sie nicht und will jetzt nicht mehr gestört werden." – Der Rechtspraktikant will etwas sagen – „Schluß, setzen Sie sich."

Der Richter fängt an, die Verlesung der Anklageschrift vorzubereiten. Nun ist der Rechtspraktikant ganz unglücklich, er weiß nicht mehr, was er machen soll. Ein Kollege hilft ihm. Er hat auf einen Zettel geschrieben: „Der Name eines von mir mitgebrachten Zeugen ist Verzula", legt ihm den Zettel hin und sagt, das soll er vorlesen. Gut – verzweifelt steht er nochmals auf und geht vor den Richtertisch.

„Sie!" sagt der Vorsitzende sehr böse, „jetzt habe ich genug. Wenn Sie noch einmal den Versuch machen, mich zu stören, nehme ich Sie in eine Ordnungsstrafe. Was glauben Sie denn eigentlich? Gehen Sie sofort an Ihren Platz."

„Ich muß Ihnen aber etwas sagen, etwas ganz Wichtiges. Es hängt so viel davon ab."

Die jungen Leute verstehen nichts davon, was bei einer Strafsache wichtig ist und was nicht. Wenn sie was wissen, muß es der erfahrene Richter erst auf seine Wichtigkeit prüfen. Es ist auch wegen der Revision – kurz und gut:

„So sagen Sie es endlich, was Sie zu sagen haben. Aber das eine Wort da, Sie, gelt, dieses eine Wort will ich unter keinen Umständen mehr hören. Haben Sie mich verstanden?"

„Gewiß", sagt der Rechtspraktikant – eifrig, froh, daß es nun doch noch geglückt ist. Er nimmt den Zettel und liest. Das erste Wort, das er ausspricht – wer das Leben kennt, kann nicht überrascht sein –, ist: Verzula. Er liest das letzte Wort auf dem Zettel zuerst. Weiter ist er nicht gekommen. Der Vorsitzende ist aufgesprungen und hat ihn mit einigen wohlgezielten Redewendungen zertrümmert.

In der Mittagspause haben die anderen Verteidiger den erbosten Vorsitzenden aufgeklärt. Der hat gesagt, er habe geglaubt, der junge Kollege sei besoffen – das habe es auch schon gegeben, und er habe viel erlebt.

Der Zeuge Verzula ist auch noch vernommen worden, weil alle Beteiligten sich damit einverstanden erklärt haben. Seine Aussage hat aber nicht die Wirkung gehabt, die sich der Rechtspraktikant von ihr versprochen hat.

Die gefrorenen Stiefel

Es war an Weihnachten 1904. Da war ich nach den Feiertagen in einem Marktflecken im Bayerischen Wald, nicht weit von der böhmischen Grenze. Die ersten Tage meines dortigen Aufenthaltes habe ich teils mit Schlafen verbracht, teils im Wirtshaus. Es ist auch gar nichts anderes übriggeblieben, denn auf der Straße hat man vor lauter Schnee nicht gehen können. Im Wirtshaus war geheizt, daß der Ofen gekracht hat, es war sehr lustig dort, und ich hab mich gut unterhalten. Aus dem Böhmischen sind ab und zu Fuhrleute herübergekommen, mit gefrorenen Bärten, die haben erzählt, daß es drüben noch viel mehr Schnee habe als bei uns und daß eine furchtbare Kälte herrsche. Wie die Fuhrleute sind, haben sie ihre Erzählungen um so mehr ausgeschmückt, je gemütlicher es in der warmen Stube geworden ist; ich habe alles geglaubt und habe schließlich gesagt, ich möchte über den Hohen Bogen hinübergehen ins Böhmische. Da haben sie mich alle für narrisch erklärt. Skier waren damals noch völlig unbekannt. Man hat mir gesagt, es habe noch nie einen Menschen gegeben, der bei einem solchen Schnee und einer solchen Kälte über den Hohen Bogen ins Böhmische gegangen wäre. Das hat mich in meinem Vorhaben recht gestärkt. Die Leute in der Wirtsstube haben sich gedacht, einem Narrischen darf man nicht dreinreden.

Nun bin ich gar nicht ausgerüstet gewesen. Vor allem habe ich richtiges Schuhwerk benötigt, da ich nur Stadtschuhe bei mir hatte, mit denen ich nicht weit gekommen wäre. Also, wer hat Stiefel? Beim Bäcker der alte Schießer, der hat lange Stiefel. Der hat sie mir auch geliehen. Es waren riesige Stiefel, die mir weit über die Knie hinauf gereicht haben. Ich mußte ganz steif darin gehen.

Am Neujahrstag bin ich also losgezogen mit meinen Stiefeln. Von Hohenwart aus bin ich angestiegen. Zuerst hab ich noch den Lehrer dort aufgesucht, einen trefflichen Freund, der so überrascht war über mein Vorhaben, daß er sich begeistert angeboten hat, mich zu begleiten. Er hat sich fertig gemacht, und wir sind selbander in die Kälte hinaus. Zuerst ist ein Tal zu überqueren, und dann geht's steil bergan. Nach kurzem Steigen – der Weg war nicht ausgetreten – hat mich mein Freund verlassen. Er sagte, er sei doch nicht narrisch. Ich bin weitergestapft und wäre froh gewesen, wenn die Stiefelschäfte kürzer gewesen wären. Dann hab ich mir zunächst die Ohren erfroren. Als ich es bemerkte, hab ich mir ein Taschentuch herumgebunden, das hat aber nichts mehr geholfen.

An Sonne hat es nicht gefehlt. Aber sie hat die Kälte noch bissiger gemacht. Die Landschaft war über alle Beschreibung herrlich. Ich bin sehr glücklich gewesen.

Den Weg hab ich nicht gekannt. Man hat mir nur ein paar Markierungen gegeben. So, daß ich zum Höllbauern kommen müsse. Das ist ein Einödhof, zu dem ein steiler baumloser Hang hinaufführt. Als ich ihn zur Hälfte überwunden hatte, kam ein schwarzer Hund, ein grober, großer Teufel, aus dem Hof heraus und in langen Sätzen auf mich zu. Er überrannte mich, ich kam ins Rutschen – der Hund übrigens auch –, und ich hab dann den Steilhang links liegenlassen und bin seitwärts in den Wald.

Um ein Uhr hatte ich Kager auf der Höhe gewonnen und konnte ins Böhmische hineinschauen. Der Wind hat mich beinahe umgeblasen, aber ich hab hergehalten, hab mich gefreut, und nach kurzem Verschnaufen hab ich mir den Weg gesucht jenseits ins Tal. Der ging durch eine offene, ganz vereiste Schlucht. Es war blankes Glatteis, mit hohen Schneewächten in den Kurven. Die Stiefelschäfte waren längst beinhart gefroren, und das hat mir den Abstieg sehr erschwert. Ich konnte die Knie nicht gebrauchen, und die Beine sind nun einmal auf Knie eingerichtet. Sowie ich auf dem Glatteis war, hat's mich rücklings hingeworfen, und ich bin in brausender Fahrt in die nächste Schneewächte geflogen. Da mußte ich mich besinnen, wie ich liege, mußte mich – knielos! – aufrichten, mußte die Wächte übersteigen, und drüben ging's unverzüglich von vorne an. Das hat mir stark zugesetzt, und als ich schließlich unten war, hab ich nicht mehr gewußt, was vorn und hinten und was oben und unten ist.

An der Straße, die jenseits im Tal das Waldgebirge entlangzieht, liegt ein Dorf, dessen Häuser alle einsam am Wege stehen. Ich habe das Wirtshaus gesucht, auch bald gefunden, und bin hinein, um mich aufzuwärmen. Als ich mich an den Ofen setzen will, leidet das der Wirt nicht. Er sagt, in meinem Zustand darf ich nicht gleich in die Wärme, ich muß mich in den Hausgang setzen. Dahin bringt er mir Essen und Trinken, und nach einiger Zeit holt er mich in die Stube. Ich bin der einzige Gast, die Sonne scheint zum Fenster herein, und der Schnee draußen prahlt in Licht und Glanz. Mit dem Wirt habe ich den Weltlauf besprochen, den kleinen und den großen, und dann habe ich das Schulhaus aufgesucht. Der Lehrer hat mich freundlich aufgenommen, wir haben uns das Wichtigste erzählt, er hat mir Quartier angeboten und mich gefragt, ob ich Tarocken kann, weil das für einen Sonntagnachmittag eine vernünftige Beschäftigung ist. Am Abend, hat er gesagt, muß er zu einer Christbaumfeier nach Furth, um den Christbaum zu versteigern.

Nun haben wir zusammen mit dem Schulfräulein einen gemütlichen Haferltarock gespielt. Wir sind in der Wohnstube am Ofen um einen runden Tisch herumgesessen, die beiden anderen mußten etwas aufpassen, weil ich mit meinen Stiefeln viel Platz gebraucht habe. Es ist sehr bald finster geworden, und wir sind aufgebrochen nach Furth zur Christbaumfeier, zu dritt, denn das Schulfräulein ist auch mitgegangen. Bei knirschendem Schnee sind wir gut anderthalb Stunden marschiert nach Furth. Es waren sehr viele Leute da. Der Lehrer hat dann die Versteigerung des Christbaumes vorgenommen. Er hat immer ein Zweigerl vom Baum heruntergeschnitten, hat es vor sich hingehalten und sinnend betrachtet, dann hat er allerlei zu seinem Lob und Preis gesagt, und daraufhin haben die Leute Gebote gemacht. Er hat als Kenner menschlichen Wesens zuerst kleine und wenig ausgestattete Zweige ausgeboten und die reichen nachher darangenommen. Das hat sich als Fehler erwiesen. Viele Leute hatten ihr Geld zum Einsteigern der ersten Zweige, die hoch hinaufgetrieben worden waren, ausgegeben und mußten nun sehen, daß die anderen um weniger Geld volle Zweige bekamen, weil sie nicht mehr mitbieten konnten. Zuerst haben sie ihrem Unmut mit Worten Ausdruck gegeben, dann hat einer dem Lehrer einen Zweig um die Ohren geschlagen. Er hat es als derben Scherz behandelt und sich gefallen lassen. Aber dieser Scherz hat angesteckt. Es hat sich eine kleine Rauferei entwickelt, wobei die Zweigerl mit Äpfeln, Christkindln, Guterln zum Zuschlagen verwendet worden sind. Eine ältere Frau aus dem Böhmischen hat den noch nicht versteigerten Christbaumrest, von dem sich der Lehrer zurückgezogen hatte, genommen und damit zugehaut. Die Versteigerung hat damit ihr natürliches Ende gefunden.

Die lebhafte Stimmung hat auch mich ergriffen. Die Leute haben mir gefallen, ungekünsteltes Wesen mag ich gerne. Zu einer richtigen Unterhaltung konnte ich aber zunächst nicht kommen, weil mich die jungen Burschen als Fremden scharf im Auge behalten und sich in jedes von mir begonnene Gespräch eingemischt haben.

Später habe ich viel getanzt. Mit meinen Stiefeln habe ich aber Unwillen erregt. Die tänzerische Haltung war nicht einwandfrei, und jeder, den ich behindert habe, hat das schmerzhaft empfunden. Einem tanzenden Mädchen habe ich die Absätze weggetreten. Daraufhin sind wir rasch fortgegangen. Es war nach Mitternacht, als wir auf mondbeschienener Schneestraße ins Schulhaus zurückgewandert sind. Wir waren von dem Abend sehr befriedigt. –

Mein Zimmer war im Dachboden. Ich hab mich vom Lehrer hinaufführen lassen und wollte ins Bett gehen. Zuerst die Stiefel runter. Den linken hab ich glücklich heruntergebracht, er ist mit großem Krach an die Kommode hingeflogen; der rechte aber war so angefroren, daß ich ihn nicht abziehen konnte. Ich bin mit dem Stiefel ins Bett gegangen, das frisch überzogen war, und habe prächtig geschlafen.

Am Morgen waren Schnurrbart und Plumeau zusammengefroren. Wie ich mich waschen wollte, war in der Waschschüssel Eis. Bei dem Versuch, das Eis herauszunehmen, um Wasser holen zu können, ging die Waschschüssel in Scherben. Mit einem Stiefel bin ich dann die Treppe hinunter geholpert, hab zum Lehrer gesagt, er möchte heraufkommen, ich müßte ihm was zeigen. Den Lehrer hat fast der Schlag getroffen, wie er alles gesehen hat: das frische Bett verwüstet, die Schüssel zerbrochen. Er hat gesagt: „So hab ich mir das nicht gedacht gehabt." „Ich auch nicht", hab ich gesagt, „aber Sie wissen schon, wie es geht." Er hat nichts weiter geäußert, sondern hat mir geholfen, und zu zweit sind wir auch fertig geworden, den zweiten Stiefel wieder ans Bein zu bringen. Dann haben wir friedlich zusammen gefrühstückt.

„Was machen Sie jetzt", hat der Lehrer gefragt, „wollen Sie den gleichen Weg zurück? Haben Sie noch nicht genug?"

Ich habe erklärt, für mich sei da keine Schwierigkeit, und ich bin fortgegangen. Bis Kager hab ich's geschafft, dann mußte ich umkehren, ich war zu erschöpft. Nachmittags war ich wieder im Schulhaus, und wir haben tarockt. Die Schulkinder sind nicht in die Schule gekommen, da haben wir schön Zeit gehabt.

Am Abend haben wir mit vereinten Kräften mir meine Stiefel ausgezogen, und am nächsten Morgen bin ich frisch von neuem losmarschiert. Es ist eine unermeßlich schöne Wanderung durch die unberührte Schneelandschaft geworden. Oben auf der Schneid des Hohen Bogen habe ich die ganze Welt gesehen.

Der einzige Mensch, den ich getroffen habe, war ein Grenzer auf Patrouille. Wir sind ein Stück zusammen gegangen. Ich hab meine Schritte immer mehr verzögert, je weiter es talab ging. Aber ich konnte es nicht aufhalten: gegen Abend bin ich wieder an meinem Ausgangspunkt eingetroffen.

In der Wirtsstube hat es ein großes Gerede gegeben. Die Leute haben es sich als Verdienst angerechnet, daß der Marsch geglückt war, obwohl sie mich gewarnt hatten. Sie sagten, ich müsse ein paar Maß Bier zahlen.

Als ich die Stiefel wieder abliefern wollte, war der Schießer, dem sie gehörten, inzwischen gestorben. Er hatte, während seine Stiefel abwesend waren, sich eine Blinddarmentzündung und eine Bauchfellentzündung zugezogen und war unverzüglich daran gestorben.

Verheiratet war er nicht. Ich habe die Stiefel beim Bäckermeister abgegeben.

Das Bombardon

Unter den Freunden meiner Jugendzeit ist einer gewesen, der handwerklich und künstlerisch gleichermaßen begabt war. Der hat einmal eine Bühneneinrichtung konstruiert und hat, um sie auszuprobieren, ein Stück geschrieben, das unser Freundeskreis in der Sommerzeit eines längst vergangenen Jahres in einem Marktflecken des Oberlandes aufgeführt hat.

In dem Stück hat zwei alte Junggesellen, zwei Freunde, der Hafer gestochen; sie haben sich, was sie ein Leben lang glücklich vermieden hatten, verliebt, und zwar aus Mangel an Übung in junge Mädchen, und auf ein Haar wär's schiefgegangen, und sie hätten die jungen Dinger als Ehefrauen bekommen. Aber sie haben nochmal Glück gehabt und sind im letzten Augenblick gerettet worden. Die Mädchen auch.

Die Vorbereitung des Stückes ist sehr lustig gewesen. Wir haben eine Woche Ferien ausschließlich darauf verwendet, und bei der Hauptprobe, die am Abend vor der Uraufführung stattgefunden hat, sind wir alle, vorab der Dichter, sehr zufrieden gewesen. Wir haben die Sache als gewonnen angesehen und haben uns zusammengesetzt, um den Erfolg im voraus ein wenig zu feiern. Auf diese Weise sind wir mit dem Schlaf in Rückstand gekommen. Wir haben am späten Vormittag des Aufführungstages das Lager aufgesucht und sind nachmittags nicht so erquickt, wie es wünschenswert gewesen wäre, aufgestanden. Wir haben auch starkes Bedürfnis nach Flüssigkeiten empfunden, aber immerhin sind wir trotz einer unleugbaren Müdigkeit abends wohlgemut und zuversichtlich ins Theater und haben uns gefreut, wie das Haus sich bis auf den letzten Platz gefüllt hat.

Die erste Szene haben meine Partnerin, die Bauernmagd

Stasi, eines der beiden jungen Mädchen, die den alten Junggesellen warmgemacht haben, und ich, ihr echter Geliebter, der Knecht Marl, allein zu bestreiten gehabt. Das Bühnenbild hat eine Bauernstube dargestellt. Die Stasi ist auf einem Stuhl gestanden und hat von einem Schrank Geschirr, das obendrauf gestapelt war, heruntergeräumt, und ich habe ihr dabei geholfen. Am Schluß der Arbeit habe ich sie vom Stuhl heben, in den Armen halten und ihr ein Bußl geben müssen. Also keine schwere Aufgabe. Wir haben das auf den Proben auch immer tadellos gemacht. Bei der Aufführung hat sich die Stasi, übrigens eine anmutige Münchner Studentin, – den Stuhl zu weit vom Schrank weggestellt und hat kaum zum Geschirr hinauflangen können. Wir haben aber geglaubt, das geht schon, haben nichts geändert und auf unseren Dialog aufgepaßt. Auf einmal fängt die Stasi auf dem Stuhl zu wackeln an. Ich fasse zu und will sie stützen, sie aber greift nach dem Schrank und will sich dort einhalten, was zur Folge hat, daß der Schrank mit dem Geschirr obendrauf sich ihr zuneigt. – Ich habe jetzt den Schrank gepackt, aber in der Aufregung wahrscheinlich falsch, jedenfalls muß die Stasi nach rückwärts wegspringen, und das ganze Geschirr fliegt ihr nach und zerkracht in tausend Scherben auf der Bühne, während ich mit größter Mühe den wild gewordenen Schrank bändige.

Unsere Pointe mit dem Herunterheben und dem Bußl haben wir nicht mehr bringen können, statt dessen haben wir die Trümmer des Geschirrs zusammengeräumt, um die Bühne frei zu machen. Die Zuschauer haben gemeint, so ist es richtig, und haben herzhaft gelacht, wie immer, wenn es Scherben gibt. Die Stasi ist schon sehr erschrocken, hat sich aber gefaßt und hat während des Aufräumens mit mir gesprochen, als ob es so im Text stünde. „Eine saubere Geschichte hast du da hergemacht. Wie sich nur die Mannsbilder immer dumm anstellen! Der Alte" – das war der alte Bauer, den der Dichter gespielt hat – „wird eine Freude haben." Daraus habe ich gesehen, daß die Stasi glaubt, ich bin allein an der Sache schuld, und daß sie ärgerlich ist, weil das passiert ist. Ich habe mich nicht aufgeregt, habe auch nichts gesagt, bin mit der Stasi nett gewesen, und wir haben weitergespielt.

Auf der Ofenbank sitzend, hat mir nun die Stasi erzählt, was man hat wissen müssen, um das Stück zu verstehen. Dabei hat eine große Rolle gespielt, daß der eine der beiden Junggesellen Trompete geblasen hat. Die Trompete ist dann auch im Stück selbst wiederholt erschienen. Die Stasi, wie sie an die Stelle kommt, sagt vertraulich und wichtig, der Mann blase seit seiner Jugend das Bombardon. Gott mag wissen, wie sie da drauf kommt.

Mir hat es einen Riß gegeben; ich habe mir vorgestellt, daß das Instrument ja alsbald auftritt und daß es sichtbar wird, welchen Unsinn die Stasi geredet hat. Aber das kann man ja leicht in die Reihe bringen. Ich lege der Stasi die Hand auf die Schulter, schaue ihr warnend in die Augen und sage: „Bombardon sagst? Blast er nicht Trompete? I moan, i hab so was gehört."

Die Stasi – der Mensch ist doch ein wunderliches Wesen – sieht die Rettung nicht oder will jedenfalls von ihr nichts wissen, sie ist von vorhin noch gereizt, vergißt, daß sie auf der Bühne ist, macht einen abwehrenden Ruck mit der Schulter, wird rot, blickt mich böse an und fragt – plötzlich hochdeutsch redend – scharf: „Wieso? Was willst du damit sagen?"

„Ja no, i will da gar nichts sagen, i hab mir g'rad denkt, du hast Trompete sagen wollen, weil i a solche lieg'n g'sehn hab."

„Ich habe Bombardon gesagt – gut – dann ist es eben ein Bombardon, und das hast du halt nicht liegen sehen, nicht wahr?"

„Aber Stasi, geh doch zua!"

Es ist völlig umsonst gewesen, die Stasi hat nicht mehr auslassen mit dem Bombardon. Vor Zorn hat sie ganz nasse Augen gehabt, und aufgestampft hat sie, daß der Bühnenboden gekracht hat. Ich hab natürlich schnell nachgegeben, als ich gesehen hab, wie die Sache steht. Von mir aus kann ja der Alte bis zum Auftritt geschwind Bombardon blasen lernen, überhaupt – ich bin dann gar nicht auf der Bühne. Aber die Stasi hat nicht nach Punkten, sie hat entscheidend siegen wollen. Ich hab sie von dem Bombardon nicht mehr weggebracht. Immer wieder hat sie davon angefangen. „Warum nicht Bombardon? Das seh ich nicht ein. Warum soll er gerade Bombardon nicht blasen?"

Mir ist gar nichts übriggeblieben, als das Gespräch mit Gewalt abzubrechen. Ich bin aufgesprungen und hab gesagt: „Jessas, die schwarze Katz" – ist natürlich keine dagewesen –, und auf dieser Katze bin ich wie auf einer Brücke ans andere Ufer gekommen.

Die Stasi war sonst ein Mensch voll Humor, gescheit, geistesgegenwärtig und alles andere als empfindlich. Aber an diesem Abend hat man mit ihr nichts ausrichten können. Vielleicht hat sie doch zu wenig geschlafen gehabt, oder ist das Lampenfieber schuld gewesen – ich habe es nicht herausgebracht.

Die Uraufführung ist im übrigen so verlaufen, wie sie mit uns zweien angefangen hat. Die Zuschauer haben allmählich etwas gemerkt und haben ihre helle Freude daran gehabt. Wir auch, und zum Schluß ist auch die Stasi wieder lustig geworden.

Mein Gott, ist das lange her!

DER LOIPERTSHAMER, GOTT HAB' IHN SELIG

Der Loipertshamer ist schon ein älterer Mensch gewesen, als ich ihn kennengelernt hab – an die Sechzig, ein Bauer und Junggeselle. Wenn ein Bauer auf seinem Hof als Junggeselle werkt, tut er sich in vielen Dingen schwer. Die Weiberleute haben gar kein Interesse an ihm, weil sie ganz genau wissen, daß er für ihre Reize und Künste unempfindlich ist und von ihnen niemals etwas anderes will, als daß sie in der Küche, im Stall und überhaupt ihre Arbeit richtig machen. Er sieht nicht, daß sie gut hergewachsen sind, er merkt nicht, daß sie ein gutes Herz haben und zärtlich sein können. An der Arbeit für einen solchen Menschen kann man keine Freude haben. Ohne Weiberleute hinwiederum wird man auf einem Bauernhof nicht fertig. Der Bauer, der Junggeselle ist, wird ein Leben lang belehrt, daß die Weiber den Teufel im Leib haben.

Der Loipertshamer hat ein schönes Anwesen gehabt, oben auf dem Berg, aber er hat sich wenig drum gekümmert. Er hat nur gearbeitet, was unbedingt sein mußte, alle Augenblick die Dienstboten gewechselt, der Stall hat nicht viel getaugt, am Haus hat er nichts gerichtet, die Wiesen nicht gedüngt, kurz – seine Sache langsam herunterkommen lassen.

Das hat er natürlich schon gesehen. Aber er hat den Kampf mit den Widerwärtigkeiten des Lebens frühzeitig aufgegeben. Er hat gesagt, für ihn langt es schon, und wenn alles grad von den Weiberleuten abhängen soll im Dasein, dann läßt er's gut sein; er läßt sich nicht zwingen, und von den Weiberleuten mit den langen Haaren und dem kurzen Verstand schon gleich gar nicht.

Auf den Verstand hat der Loipertshamer viel gehalten. Es hat ihm Freude gemacht, über die Dinge des Lebens nachzudenken, er ist dabei zu selbständigen Ergebnissen gekommen, und es ist ihm gut zuzuhören gewesen. Einmal haben wir uns mit dem Problem Stadt und Land beschäftigt. Da sagt der Loipertshamer, ich soll ihn auslassen, die Stadtleute seien überhaupt keine richtigen Leute.

„Die brauchen ja keinen Platz. Schau sie an, wie sie aufeinanderhocken; da gibt's Häuser, da sind gleich fünfzig Menschen drin, und wenn du schaust, wo sie ihren Auslauf haben, ist nichts da. Soll das auch noch was sein? Ich sag dir das: ein Mensch, der keinen Platz braucht, ist kein richtiger Mensch."

Ein andermal, an einem Sonntagnachmittag im Winter, haben wir zugeschaut, wie drüben am Berg Skifahrer im Schuß zu Tal gesaust sind. Einige sind gestürzt und haben sich überschlagen, was gefährlich ausgesehen hat. Sagt der Loipertshamer:

„So ist's, wenn man nicht rechtzeitig fortgehen kann. Jetzt ich, wenn ich auf den Zug muß und es ist Schneebahn, ich geh halt eine halbe Stunde früher daheim fort, weil ich mir das zuerst überleg, daß man bei der Schneebahn länger braucht. Aber die jungen Leut denken ja gar nicht. Da bleiben s' sitzen, schauen nicht auf die Uhr, auf einmal ist's zu spät, und dann müssen s' rennen wie die Narrischen. Schau nur, wie sie daherkommen. Und nacha überschlagen sie sich, brechen sich die Haxn und kommen erst recht zu spät."

Daß die Skifahrer so sausen, obwohl es gar nicht pressiert, daß es heutzutage überhaupt so ist, daß diejenigen, die am schnellsten rennen, Zeit genug haben und gar nirgends hin müssen, hat er nicht gelten lassen wollen.

Bei seinem Anwesen sind ein paar verlassene Bienenstöcke gewesen. Sie haben uns Anlaß gegeben, einmal über Bienen zu reden. Zuerst hab ich ihm erläutert, daß die Bienen nicht nur sehr fleißig sind, sondern auch bewundernswert in der Weisheit ihrer Staatsbildung und Staatsführung, und dann hat er mir auseinandergesetzt, was er von den Bienen hält:

„Der Hochzeitsflug ist ja recht und schön, also da fliegen ein paar hundert Drohnen hinter der Königin in die Höhe, und die meisten derschnaufens nacha nimmer, und das sind die gescheiteren. Die Königin schaut um, ob die anderen nachkommen, und wenn bloß noch einer da ist, dann hört sie auf zu fliegen und laßt ihn gnädigst her. Und wenn's vorbei ist, und das geht schnell, dann zerreißt es ihn aber schon ganz und gar. Da ist doch kein Verstand dabei. Jetzt ich␣tät mich da nicht vordrücken, ich bleibet hinten. Wegen was denn?

Die Königin hat aber auch nichts Gutes. Einmal darf sie fliegen und Hochzeit machen, und dann ist's aus. Wenn sie heimkommt in den Stock, muß sie Eier legen, aber nicht ein paar, oder heut eins und morgen eins, und dann ist wieder Ruhe – sondern Jahre hindurch in einem Zug, und aufhören darf sie nimmer, solang sie schnaufen kann, da werden eigens Aufpasser hingestellt. Die Königin kann einem erbarmen.

Und die Drohnen, die hinten geblieben sind und die es also deswegen auch nicht zerrissen hat, fliegen alle in den Stock zurück, dort werden sie noch fett gefüttert, und dann werden sie schön langsam umgebracht. Lebendig kommt da keine mehr heraus.

Da redet man immer, daß die Imben so gescheit sind. Wenn sie nur ein wenig Verstand hätten, würde sich doch keine Biene herbeilassen, die Königin zu machen. Oder die Königin würde nach dem Hochzeitsflug schauen, daß sie weiterkommt, in den Stock ginge sie nicht zurück, und schon gar nicht gingen die Drohnen zurück, die müßten doch schon lange was gemerkt haben, daß das nicht sauber ist."

Ich hab dem Loipertshamer auseinandergesetzt, daß nicht jede Biene tun kann, was sie will, weil sonst nichts zusammengeht, und die Königin und die Drohnen werden schon in den Stock zurück müssen, weil sie sonst nicht leben können. Sehr überzeugt habe ich ihn nicht, er hat immer was gegen mich gewußt. Er hat auch getadelt, daß die Bienen nur existieren können, wenn sie in großen Haufen beisammen sind; man muß sich auch allein helfen können. Über den Honig hat er das gesagt:

„Der Honig ist ja recht und schön, ein Jahr bekommst du einen und zwei Jahre nicht. Das habe ich doch oft genug mitgemacht. Darfst die Imben herfüttern, einen Haufen Geld gibst aus, und zum Schluß hast keinen Honig. Und wenn sie wirklich einen herbringen, dann mußt ihnen soundso viel gleich wieder lassen. Das ist kein Geschäft – und ich hab es deshalb aufgegeben. Wenn ich einmal einen Honig will, kauf ich mir einen. Da brauch' ich keinen Honig mitbringen, Arbeit habe ich keine, und gestochen werd ich auch nicht. Und der Honig ist grad so gut."

„Gestochen wirst du nicht?"

„Ja freilich. Wenn du Imben hast, wirst du alleweil gestochen, frag mich nicht, was sie mich hergestochen haben! Verstand haben sie keinen, jetzt stechen sie einfach drauflos, ob man ihnen was will oder nicht. Sie kennen das nicht auseinander."

So hat der Loipertshamer die Welt betrachtet. Manche haben von ihm gesagt, nicht nur, daß er ein Junggeselle ist, er wirtschaftet auch schlecht. Das ist schon richtig gewesen. Aber er hat halt auf die äußeren Dinge des Lebens nicht viel gehalten, er hat sie als unwichtig oder gar nichtig betrachtet. So hat er Zeit gehabt, nachzudenken und auf diese Weise sich mit dem Leben abzufinden, von dem er jählings abberufen worden ist, weil ihn, wie er einmal im Holz gearbeitet hat, ein Baum erschlagen hat. Gott hab ihn selig.

WESPEN

Im hohen Sommer bin ich einmal, das war lang vor dem Krieg, im Bayerischen Wald mit Bekannten ins Holz gegangen, Schwammerl zu suchen. Unter den Bekannten hat sich ein Ehepaar mit seinem Sohne Maxl, einem beherzten Burschen von vier Jahren, befunden. Die Frau ist eine Siebenbürgerin gewesen. Klein, hager, flink von Verstand und Zunge, schwarz, eine tüchtige, umsichtige Hausfrau und verantwortungsfreudig. Der Mann und der Maxl haben ihr gehorcht und sind dabei sehr an ihr gehangen. Der Mann übrigens hat die Gestalt eines Athleten gehabt: groß und breitschulterig, weit ausschreitend, kraftvoll in jeder Bewegung. Seine Stimme hingegen ist lyrisch gewesen und seine Redeweise in allen Lebenslagen sanftmütig. Nie hat man von ihm ein rauhes oder lautes Wort gehört – bis wir zum Schwammerlsuchen gegangen sind.

Wir haben aufgelöst und tief gestaffelt den Wald durchschwärmt. Der Maxl und sein Vater sind in einiger Entfernung voneinander als Vorhut marschiert.

Auf einmal schreit der Maxl gellend auf, macht eine kleine Pause und beginnt mit einem anhaltenden heulenden Gebrüll, das schaurig durch den Wald hallt. Der Vater ist sogleich zum Maxl hingesprungen. Da ruft's von hinten scharf und kurz: „Papa!" Die Frau hat ihren Mann stets Papa genannt, sei es, um ihn stets an seine Vaterpflichten zu mahnen, sei es, um kosend zum Ausdruck zu bringen, daß er bei ihr den höchsten Wert erreicht hatte, als er Vater geworden war.

Der Mann hat sich umgesehen. „Papa, bleib stehen!" Das hat sie so gesagt, daß auch ich noch stehengeblieben bin.

Der Maxl, der arme Kerl, ist an ein Wepsennest geraten. Die

Wespen, die hierzulande mit ihrem richtigen Namen als Wepsen bezeichnet werden, haben ihn als Feind betrachtet, haben unversehens angegriffen und ihn gestochen. Deswegen hat er gebrüllt. Das ist von seinem Standpunkt aus erklärlich. Er hat die Wepsen, die ihn gestochen haben, zunächst gar nicht gesehen, da sie lautlos unter sein offenes Hemdchen und von unten in sein Höschen geschlüpft sind. Er hat nur den jähen Schmerz gespürt, ist durch den Anblick des Feindes weder gelähmt noch abgelenkt gewesen und hat deshalb keine andere Möglichkeit gesehen, gegen den Vorfall Stellung zu nehmen, als zu brüllen. Gescheitere und ältere Menschen als der Maxl brüllen, wenn sie sich nicht anders zu helfen wissen, und glauben, damit erreichen sie etwas. Zuweilen trifft das auch zu – der Maxl hat indessen bei den Wepsen nichts ausgerichtet. Wepsen kümmern sich ums Brüllen gar nicht.

 Warum die Frau nicht dem Maxl einen Befehl zugerufen hat, wie er sich verhalten soll, weiß ich nicht. Jedenfalls hat sie es nicht getan, sondern hat den Mann dirigiert. Der hatte eben das Richtige tun wollen: nämlich den Maxl auf den Arm nehmen und mit ihm vom Schlachtfeld fliehen. Da hat ihn der Befehl ereilt, stehenzubleiben, und er ist, an Gehorsam gewöhnt, stehengeblieben.

 Die Wepsen sind nun auf der ganzen Linie zum offensiven Gegenstoß (die wirksamste Abwehr eines Angriffes, wie der Weltkrieg wieder bewiesen hat) vorgegangen, um den eingedrungenen vermeintlichen Feind zu verjagen. Sie haben nicht nur den brüllenden Maxl, der sich inzwischen auch noch hingesetzt hatte, weiter gestochen, sondern haben sich auch über den Vater hergemacht. Der ist dadurch, da weitere Befehle vorerst nicht eingetroffen sind, zu eigenmächtigem Handeln angeregt worden. Er hat sich nach einem Stock gebückt und hat damit blindwütig auf den ihn umschwirrenden Wepsenschwarm eingeschlagen. Er hat geglaubt, er tut auf diese Weise den Wepsen Abbruch, indem er viele tötet und die anderen erschreckt und indem er sie verleitet, statt seiner den Stock zu stechen, der ihnen als der eigentliche Feind nun erscheinen muß. Da hat er sich aber schwer verrechnet. Kann sein, daß er ein paar Wepsen erschlagen hat, jedenfalls aber haben sie den Stock nicht angegriffen, sondern mit erneuter Heftigkeit ihn und den Maxl.

In diesem Augenblick hat die Frau gerufen: „Papa, was machst du denn!" Das hat so geklungen, als ob sie ihn aufmerksam machen möchte, daß er sich ungehörig benimmt, etwa, als ob er sich mit den Fingern schneuzen würde. Vielleicht ist es in Wahrheit der Ausdruck ihres Schreckens gewesen, das kann gut sein, aber angehört hat es sich wie ein Vorwurf.

Der Mann hat aufgehört um sich zu schlagen – ein bewunderungswürdiges Beispiel eisernen Gehorsams! Aber – bis jetzt hatte er stumm gekämpft – nun hat er den Mund aufgetan, und nie und nimmer hätte ich für möglich gehalten, was ich jetzt gehört habe. Der Mann hat sich unter den Wepsenstichen vollständig verwandelt. Er hat mit der Stimme eines Löwen die häßlichsten und den Feind aufs tiefste herabwürdigenden Ausdrücke und Worte von sich gegeben, dergleichen überhaupt noch nie gehört worden sind. Freilich: die Wepsen hat er auch damit nicht getroffen, aber es hat ihm sichtlich wohlgetan, in den aufhorchenden Wald seine Meinung über diese dreimal verdammten Himmelherrgottswepsen hineinzuschreien. Er und der arme kleine Maxl haben schon sehr elend ausgeschaut, als sie endlich das Kampffeld verlassen haben.

Wir haben viel kühle Erde aufgelegt, und die Frau hat sich als tüchtig und wohlerfahren in Anwendung von Hausmitteln erwiesen.

Der Mann und ich sind später ohne Schwammerl, außer einem Büschel Totentrompeten, zusammen heimgegangen. Er war wieder zu seiner sanftmütigen Redeweise zurückgekehrt.

Wir haben uns darüber unterhalten, daß alles, was da

kreucht und fleucht, im Haushalt der Natur seine Aufgabe zu erfüllen hat. Ich habe erwogen, wie da wohl die Wepsen eingeteilt seien, und ich habe nichts Rechtes herausgefunden. Daß sie für den Fuchs und Dachs Honig als Süßspeise herstellen, das allein kann sie eigentlich nicht legitimieren, habe ich gesagt.

So ist es auch nicht, hat er – mit geschwollenen Lippen mühsam sprechend – erklärt. Die Wepsen dienen Heilzwekken. Ihr Stich hilft gegen Rheumatismus. Ja, es gibt gar nichts Besseres für Rheumatismuskranke, als wenn sie von Wepsen recht hergestochen werden.

Ich habe ihn gefragt, ob er und der Maxl rheumatisch sind.

„Keine Spur", hat er gesagt.

Ja, warum haben die Wepsen sie dann gestochen? Wenn diese sozusagen als Heilgehilfen eingeteilt sind, dann sollen sie doch Kranke stechen und die Gesunden in Ruhe lassen. Wenn sie die Gesunden und die Kranken nicht auseinanderkennen, dann ist es eben nicht weit her mit ihnen. Überhaupt: er und der Maxl sind durch die Stiche ungeheuer aufgeschwollen und haben elendigliche Schmerzen empfunden. Dabei ist doch außer Zweifel, daß sie beide den Wepsen gar nichts Böses gewollt haben. Sie haben ihnen weder Honig nehmen noch sie stechen, noch ihnen sonst was antun wollen. Hingegen wenn der Fuchs kommt und ihnen den Honig nimmt, den können sie herstechen, wie sie wollen, das macht dem gar nichts. Der schwillt nicht auf, hat keine Schmerzen, sondern schleckt in Gemütsruhe die Waben aus, frißt den Honig und läßt die Wepsen stechen. Wäre es da für die Wepsen und die Menschen nicht besser, die Wepsen hätten Gift in ihrem Stachel, von dem der Fuchs aufschwillt und meinetwegen noch der Rheumatismuskranke, nicht aber der gesunde Mensch?

Der Maxl ist einige Zeit recht krank gewesen und hat im Bett liegen müssen.

EWIGE RAUFEREI

Die erste Aufgabe, die mir als kleinem Buben anvertraut worden ist, hat darin bestanden, „etwas zu holen". Mit einem Zettel, in den das erforderliche Kleingeld eingewickelt war und auf dem die Wünsche meiner Mutter standen, bin ich bergauf zum Krämer Christlbauer gegangen und bin oft genug abwärts hingeflogen, welche Tatsache ich wie ein Erwachsener zu verantworten gehabt habe. Überhaupt – es ist merkwürdig, in welche Altersstufen die Kinder von den Erwachsenen eingereiht werden, ohne Rücksicht auf ihr wirkliches Alter. Darüber wäre viel zu erzählen. Im allgemeinen ist es wohl so, daß das Kind sich sehr rasch zu einer Reife entwickelt, die es instand setzt, zu wissen und zu tun, was für die Erwachsenen notwendig, nützlich und angenehm ist, dagegen unendlich mühsam begreifen lernt, was ihm selber frommt. Wenn es irgend etwas anders macht, als die Erwachsenen erwarten, wird es bestraft – entweder, weil es so gehandelt hat, obwohl es reif genug war, es besser zu wissen, oder damit es unterscheiden lernt, was besser ist. Nach meiner Erinnerung ist es aber dem Kind ziemlich gleichgültig, mit welcher Begründung es Prügel bekommt, es hält sich ausschließlich an die Tatsache. Mit der wird es auch viel schneller fertig als mit der Begründung.

Gegenüber dem Kramer ist das Postwirtshaus gelegen, wo ich oft Bier holen durfte. Zuweilen, wenn ich an einem Sommersonntag gegen Abend mit dem leeren Krug hurtig bergan gelaufen bin, hat mich verworrener Lärm aufgehalten und gezwungen, Schritt zu gehen und mich vorsichtig an das Wirtshaus heranzupürschen. Ich hab gewußt: jetzt wird gerauft, und da muß ich aufpassen, daß dem Krug und mir nichts passiert. Ich hab gesehen, mit welcher Leidenschaft die Männer und Jünglinge dem Raufen sich hingeben und daß ein kleiner Knirps von drei Jahren nicht damit rechnen kann, beachtet zu werden. Vielmehr wäre mir völlige Vernichtung sicher gewesen, wenn mich eine Hand oder ein Fuß der Kämpfer oder ein Gegenstand aus ihrem Bereich auch nur berührt hätte. Ich hab den Anmarschweg erkundet und festgestellt, wo sich die Kellnerin aufhält, die mir sehr wohlgesinnt gewesen ist – denn wo die Kellnerin sich aufgehalten hat, ist der Kampf nicht hingekommen, die hat sich gut ausgekannt. Geborgen hinter dem Rock dieses Frauenzimmers oder der Wirtin habe ich auf das Getöse und wilde Schreien des Kampfes gehorcht.

Einmal habe ich erlebt, daß auf der Seite des Wirtshauses, wo nicht gerauft worden ist und auf die ich deshalb zugeschlichen bin, plötzlich wie ein Blitz ein junger Bursch mit dem Kopf voran durch die geschlossenen Fenster der hinteren Haustür herausgeflogen ist. Ehe ich hab flüchten können, ist ein zweiter auf die gleiche Weise angekommen. Ich bin zuerst hinter einen Baum und dann in einen kleinen Graben und hab zugesehen, wie die beiden Burschen – ich hab sie gekannt, zwei Brüder aus der Ortschaft Ausham – sich kurz besonnen haben, dann aber rückwärts aus dem Garten hinaus- und fortgegangen sind. Herausgeworfen hat sie der Hausl gehabt, und da ist es gescheiter, ja das einzig Mögliche gewesen, daß sie sich auf nichts mehr eingelassen haben.

Dieser Hausl, Toni hat er geheißen, war ein älterer Mensch, klein, dürr, unansehnlich, mit einer hohen Stimme, die ihn befähigt hat, beim Singen immer über zu singen und beim größten Lärm sich vernehmlich zu machen. Der Toni hat eine unmenschliche Kraft gehabt und hat sie auch angewendet. Da er flinker gewesen ist als irgendeiner, immer mit der Plötzlichkeit und Wildheit einer Raubkatze zugegriffen hat, außerdem alle Leute, die ins Wirtshaus kamen, genau gekannt hat, auch nach ihrer Kampfstärke, kann man sich denken, was dem Toni im Leben unseres Dorfes für eine Bedeutung zugekommen ist. Wir kleinen Buben jedenfalls haben keinen anderen Wunsch gehabt, als einmal so zu werden wie der Toni.

Das ist nun lange her, und es hat sich viel und gründlich geändert inzwischen, darunter jedenfalls auch Umfang und Art des Raufens in Altbayern. Als ich aufgewachsen bin, hat das Raufen dazugehört wie das Gewitter zum Sommer. Gerauft wurde nach festen Gebräuchen, und die waren nach den Gegenden verschieden. Wenn sich einer nicht daran gehalten hat, hat er was erleben können.

Da weiß ich von einer Geschichte, die sich zu Kirchweih einmal in Dornach ereignet hat.

Zu jener Zeit ist es üblich gewesen, daß in einer bestimmten Wirtschaft am Rande der Stadt, in der einige Ortschaften der Umgebung ihr Standquartier gehabt haben, an Kirchweih gerauft worden ist, nicht, weil besondere Feindschaften gerade im Oktober entstanden sind, auch nicht aus Blutrache, sondern weil es halt so gewesen ist. Die feindlichen Parteien haben sich während der Rauferei gebildet, man hat vorher nicht zu wissen brauchen, auf wen man einschlagen muß.

Also, die Wirtschaft ist von Mittag an voll geworden. In der Wirtsstube sind die verheirateten Männer gesessen, ganz wenig Weiber dabei, oben im Saal haben die Burschen und Mädel getanzt. Als es Zeit gewesen ist, so gegen vier Uhr, hat es eine Rempelei gegeben, wie es sich als Einleitung gehört. Das Tanzen hat aufgehört, die Musikanten haben die Instrumente hingelegt und sind von ihrer Kanzel herabgestiegen, um Pause zu machen – und die Rauferei hat begonnen. Sie hat sich aus dem Saal heraus über die Stiege herunter in den geräumigen Hausflur gezogen und ist dort geblieben.

Der Potschacher, jung verheiratet, sitzt in der Stube und hört vom Flur herein den vertrauten, anheimelnden Lärm des Raufens, das Patschen, Krachen, Knacken, Rumpeln, Rauschen, die Kampfrufe – er rutscht hin und her, versteht nichts mehr von der Unterhaltung, die unbekümmert weitergeführt wird, muß immer hinaushorchen; voriges Jahr ist er noch dabeigewesen, heuer muß er wegbleiben, weil er verheiratet ist. Er hält es aber nicht aus. Er steht auf, geht in die Küche hinaus und von da in den Hausflur. Unter der Küchentüre steht die wohlgenährte Köchin und schaut zu.

„Du", sagt sie zum Potschacher, „du, was willst denn du? Möchtest mittun? Da hört sich doch alles auf, ein verheirateter Mann, und möcht wie ein Junger raufen! Schämst du dich gar nicht? Gleich gehst in die Stuben hinein!"

Das tut der Potschacher aber nicht, sondern betritt mit der Miene eines Unbeteiligten den Hausflur und schiebt sich an das Kampfgewühl heran. Aber schon hat ihn einer entdeckt. „Mach, daß du weiterkommst!" sagt er, und da das nicht geschieht, schlägt er dem Potschacher eine hinein, daß seine Holzpfeife, die er zwischen den Zähnen hat, über die Köpfe der Raufenden hinweg auf die Straße fliegt.

Der Potschacher ist nicht böse. Er faßt den Schlag als Erteilung der Erlaubnis auf, doch mitraufen zu dürfen, und freut sich darüber. Frischen Mutes schaut er sich um, wo er am besten zupackt – aber der andere läßt es nicht dazu kommen. Er nimmt ihn beim Kragen und Hosenbund – „Obacht!" schreit er gellend, „da muß oaner naus." Wie durch Zauberei öffnet sich der Knäuel und bildet eine Gasse, in die er den Potschacher hineinstößt. Schnell ist der durch und auf die Straße hinausbefördert. Ein paar Püffe und Stöße, was halt schnell in der Geschwindigkeit geht, bekommt er mit. Einer schlägt einen Regenschirm an seinem Schädel ab, was wegen der verwendeten Waffe schwer kränkend ist.

Der Potschacher steht jetzt vor dem Wirtshaustor, seinen Hut hat er nicht mehr, der ist wahrscheinlich schon zertreten, seine Pfeife ist hin, er findet sie nicht, mit einem Regenschirm hat ihn so ein Rotzbub geschlagen, das Kreuz tut ihm weh – alles, was recht ist –, er bekommt plötzlich eine sinnlose Wut. Am Wirtshaus ist ein Scheiterstoß. Er holt sich meterlange Scheiter herunter und feuert sie mit Schwung und unter sehr beleidigenden Ausrufen in den Hausflur. Nach ein paar Würfen sind die Raufenden auf ihn aufmerksam geworden. Zwar hat ein geschickter Wurf noch Schaden und Verwirrung angerichtet, aber dann muß er rennen, was herausgeht, es kommen zu viele.

Er hat schmerzhaft erfahren müssen, daß man gegen die Sitten und Gebräuche der Menschen nicht verstoßen darf. Sein Eheweib hat ihm sein Verhalten schwer übelgenommen, die verheirateten Männer haben gesagt, es sei ihm ganz recht geschehen, und die Jungen haben ihn ausgelacht. Da ist es keine Genugtuung mehr, wenn man vor dem Schwurgericht auf der Anklagebank sitzt, als ob man richtig mitgerauft hätte. Keiner will was von ihm wissen, jeder erzählt bloß, daß er gehaut worden ist, und er kann noch froh sein, daß er freigesprochen wird, auf ein Haar wäre er noch eingesperrt worden.

Bei der gleichen Gelegenheit ist ein unschuldiger Mann sehr geängstigt worden. Ein Soldat aus der nahen österreichischen Garnison ist über Kirchweih in Dornach gewesen und hat mitgerauft. Das Ergebnis für ihn ist gewesen, daß sein Säbel zerbrochen und sein Uniformrock zerrissen worden ist, daß er keine Mütze mehr, wohl aber ein narrisches Kopfweh gehabt hat. Er hat sich nach Beendigung des Kampfes irgendwohin zurückgezogen und hat seine Lage überdacht. Er hat sehen müssen, daß schon seine allernächste Zukunft äußerst trübe sein würde. Wie er sich das ausgemalt hat, ist ein solcher Zorn über ihn hereingebrochen, daß er jemand hat suchen müssen, um ihn windelweich zu schlagen. Er stürzt auf die Straße, die zu dieser Stunde und an diesem Orte ziemlich menschenleer gewesen ist, und der erste Mensch, der ihm beegnet, ist der Professor für Mathematik und Physik am Gymnasium zu Dornach. Den packt er unverzüglich an der Gurgel, überhäuft ihn mit unverständlichen Schmähworten und kündigt ihm an, er müsse heute noch, auf der Stelle noch, hin werden. Der Professor meint, einen Geisteskranken vor sich zu haben, reißt sich mit aller Gewalt los und rennt davon, der Soldat hinter ihm drein. Unter einer Brücke versteckt er sich, aber der Soldat stöbert ihn auf, holt ihn heraus und schlägt ihn mit der Scheide. – So kommt man zu Schlägen und weiß nicht wie.

Zuweilen weiß man nicht einmal, von wem man sie bezieht: Da sind einmal an einem Sonntagabend in der Bahnhofwirtschaft eines Marktfleckens einige junge Burschen gesessen, um mit dem letzten Lokalzug nach Hause zu fahren. Am Nebentisch haben andere Burschen die müde Stimmung dadurch zu beleben versucht, daß sie sich über „Körbelzäuner" unterhalten haben. Das hat man in jener Gegend nicht tun dürfen, wenn man auf Wohlbefinden den geringsten Wert gelegt hat. Als Körbelzäuner bezeichnet zu werden, hat als größte Beschimpfung gegolten, warum, weiß ich nicht. Nun hat niemand gesagt, die auf den Zug wartenden Burschen seien Körbelzäuner oder als solche zu betrachten. Allein, es hat genügt, neben ihnen laut von Körbelzäunern zu reden, um sie zu veranlassen, ganz genau festzustellen, ob sie vielleicht darunter verstanden würden.

Kurz, der Zug ist ohne die Burschen abgefahren, sie sind zu Fuß gegangen, und zurückgeblieben sind ein Toter und zwei Schwerverletzte. Von diesen hat der eine zwei Messerstiche in der Lunge gehabt und ist noch nicht ganz wiederhergestellt gewesen, als er nach Monaten als Zeuge vor Gericht vernommen worden ist. Er hat die Sache dort so erzählt:

Er hat, wenn er sich scharf besinnt, schon gehört, daß von einem Tisch zum Nachbartisch etwas hinübergerufen worden ist, aber er weiß nicht, wer das gewesen ist. Dann ist hin- und hergeredet worden, wie es schon so geht, gestritten worden ist nicht. Dann hat er einmal hinausgehen müssen. Wie er zurückkommt, sind alle anderen Burschen fort, die Wirtsstube ist leer.

Das ist ihm nicht weiter aufgefallen, aber er hat sich überlegt, ob er jetzt heimgeht oder nicht, und ist zum Entschluß gekommen, er geht heim. Vielleicht, denkt er sich, trifft er auf dem Heimweg einen Kameraden. Also, er zahlt und geht in die Nacht hinaus. Vor der Türe sieht er jemand am Boden liegen. Er geht vorbei und denkt sich nichts; liegt halt einer da. Nach zehn Schritten bleibt er stehen und schaut ein wenig herum, wie man es macht, wenn man heimgeht. Er sieht in einiger Entfernung eine dunkle Gruppe, die in ziemlicher Bewegung ist. Er denkt sich wieder nichts und kann sich heute noch nicht vorstellen, wer das gewesen sein könnte. – In Wahrheit ist gerade schwer gerauft worden, und vor der Türe ist ein Toter gelegen. – Er bleibt ein wenig stehen und merkt auf einmal, daß er im Rücken einen Stich hat, worauf ihm schlecht wird.

Auf Fragen des Richters erklärt er, er hat mit keinem Menschen gestritten oder auch nur gesprochen, er ist ganz allein gewesen, er hat nicht beobachtet, daß jemand zu ihm hin- oder von ihm weggegangen ist. Er hat sich auch hernach nichts gedacht und hat sich später nicht erkundigt, wer ihm den Stich versetzt haben könnte. Er hat gesagt, er versteht nicht, warum man da so viel hermacht; ihm ist lieber, man redet nicht mehr davon.

DER SCHMIED VON GALCHING

Es war im Januar 1915. Da war ich verwundet und der Verwundeten-Kompanie des Ersatzbataillons meines Infanterie-Regiments zugeteilt, in der alle Infanteristen des Bataillons, die von ihrer Verwundung im Felde noch nicht so weit hergestellt waren, daß sie Felddienst machen konnten, gesammelt waren. Kurz vorher war ich zum Gefreiten ernannt worden. Zu meinen Obliegenheiten hat unter anderem gehört, daß ich am Morgen die Leute wecken mußte. Das ist eine umfangreiche und harte Arbeit gewesen. Auch mußte ich auf Anordnung des Feldwebels nicht rechtzeitig einpassierte Soldaten ausfindig machen und ihm vorführen, was mir in keinem einzigen Fall gelungen ist, worauf der Feldwebel regelmäßig gesagt hat, das habe er sich gleich denken können, wenn er so ein Rindvieh schicke wie mich. Dann mußte ich mittags das Essen verteilen. Kurzum, es war eine mannigfaltige Tätigkeit, zu der ich da berufen war, und über die viel zu erzählen wäre. Sie war aber von kurzer Dauer.

Jeden Montag sind wir nämlich untersucht worden, ob wir wieder felddiensttauglich sind. Bei uns ist ein Schmied gewesen aus Galching. Eder mit Namen, 35 Jahre war er alt, bei Saarburg war er verwundet worden. Sein rechter Arm war total zerschossen und dann nur notdürftig wieder zusammengeflickt worden. Man hat bei ihm wiederholt angeregt, er solle sich nochmals operieren lassen, man garantiere für den Erfolg, da hat er gesagt, das pressiert nicht, der Krieg hört einmal auf, jetzt braucht er seinen Arm nicht, und hernach kann man ihn auch noch richten.

Er ist verheiratet gewesen, und von Zeit zu Zeit durfte er auf Urlaub zu seinen Angehörigen. Jedesmal ist er betrunken zurückgekommen. Eines Montags sind wir wieder zu dem Schulhaus marschiert, wo die wöchentlichen Untersuchungen stattgefunden haben, und der Eder, der am Sonntag in Galching gewesen ist, war noch nicht ganz zum Ernst der militärischen Zucht zurückgekehrt. Er hat auf dem Marsch ganz für sich fröhliche Lieder gesungen. Die Zurechtweisung durch den Unteroffizier hat er in den Wind geschlagen. Er hat den Unteroffizier darüber aufgeklärt, daß er immer singt, wenn er lustig ist, und da hat ihn dieser halt weitersingen lassen. Der Stabsarzt ist ein Frauenarzt von Zivilberuf gewesen, ein strenger Antialkoholiker. Nichts war ihm mehr verhaßt, als wenn ein Soldat nach Alkohol geduftet hat, was an diesem Morgen bei Eder ungeheuer der Fall gewesen ist.

Die Untersuchung ist in alphabetischer Reihenfolge erfolgt. Jeder Soldat mußte die verwundete Körperstelle bloßlegen und wurde dann vom Arzt untersucht. Eder hat gewußt aus alter Erfahrung, daß er nur den Rockärmel abziehen muß und daß weiter nichts gesprochen werden braucht, denn mit seinem Arm war das eine klare und sichere Sache, von Felddiensttauglichkeit keine Rede. –

Auch an diesem Morgen hat er den Waffenrock geöffnet, den Arm freigemacht und ist, helle Fröhlichkeit auf dem Gesicht, auf den Arzt zu, um ihm vertraulich den Arm zu zeigen.

Der hat geschnuppert und mit lauter, scharfer Stimme gesagt: „Mann, Sie haben getrunken!"

„Jawohl, Herr Stabsarzt."

„Mann, Sie sind betrunken!"

„Jawohl, Herr Stabsarzt."

Der Stabsarzt hat wütend gesagt: „Machen Sie, daß Sie mir aus den Augen kommen!"

„Jawohl, Herr Stabsarzt", hat der Eder gesagt, ist weggegangen, hat seinen Waffenrock zugeknöpft und ist weiter in froher Stimmung verblieben. Als an diesem Tage beim Abendappell bekanntgegeben wurde, wer vormittags felddiensttauglich befunden worden war, ist der Eder unter ihnen gewesen. Wir wollten es nicht glauben, bis wir uns erinnerten, wie sehr er am Vormittag noch besoffen gewesen war.

Da war nun nichts mehr zu ändern. Der Eder mußte abgestellt werden zur Feldkompanie.

„Das ist aber dumm", meinte ich, „daß du wegen dem Rausch wieder ins Feld mußt."

„Ah geh, da denk ich mir nichts. Schau" – und er lächelte schlau und zuversichtlich –, „wenn ich einmal in Galching erstochen werden muß, dann können die draußen mich nie erschießen."

Denn das war sein unerschütterlicher Glaube, daß ihm das Ende bei einem Raufhandel vorherbestimmt sei. Und diese Erkenntnis lieferte ihm den kräftigen Trost der Ergebenheit ins Unabänderliche.

Die Halsbinde

Es war im Jahre 1916 an der Ostfront. Da hat ein General eine Armeegruppe kommandiert, der die Auffassung gehabt hat, daß im Kriege der Soldat alle Pflichten zu erfüllen hat, die man im Friedensdienst und in der Kaserne von ihm verlangt. Ob das geschieht, hat er daran geprüft, ob die Leute die für den Dienstanzug vorgeschriebene Halsbinde getragen haben. Diese Halsbinde war ein schmaler Streifen feldgrauen Stoffes, mit zwei Bändern zum Zuschnüren versehen, unter dem Rockkragen der Uniform zu tragen. Es war umständlich, sie anzuziehen, besonders wenn's pressiert hat. Sie war auch nicht dauerhaft, Regen und Schweiß hat sie schlecht vertragen. Und sie hat überhaupt widerwillig Dienst gemacht, was daraus zu sehen ist, daß sie sich bei der ersten Gelegenheit gedrückt hat und nicht mehr zum Vorschein gekommen ist.

Der General indessen hat auf der Halsbinde bestanden und hat jedem Mann, mit dem er im Felde zusammenkam, zuerst auf den Hals gesehen. Wehe, wenn da keine Halsbinde war!

Offiziere und Mannschaften haben das gewußt. Von oben nach unten wurden entsprechende Belehrungen ausgeteilt, verbunden mit nach unten sich verstärkenden Drohungen, falls einer sich unterstehen sollte, ohne Halsbinde im Krieg herumzulaufen. Eigentlich hätte der Soldat nun die Drohung an die Halsbinde weitergeben sollen, denn was hilft alles, wenn die Halsbinde nicht mitspielen mag? Aber daran denkt natürlich niemand.

Eines Tages reitet der General hinter der Front mit zwei Ordonnanzoffizieren übers Feld und kommt auch zu einer bayerischen Flakbatterie, deren Führer ein bayerischer Reserveoffizier war. Von dem Führer dieser Flakbatterie habe ich die Geschichte. Der Führer der Batterie hat sich gemeldet, es war alles in Ordnung, und der General ist mit seinen Ordonnanzoffizieren wieder weitergeritten. Nach kurzer Zeit kommt einer der Husarenoffiziere zurück, hält beim Leutnant und sagt ihm, Seine Exzellenz wäre mit einem Manne ins Gespräch gekommen, der ganz seltsame Worte gebrauche, die sie nicht verstünden. Möglich, daß der Mann ein Bayer ist, und dann muß ihn ja wohl der bayerische Batterieführer verstehen können. Seine Exzellenz wünschen, daß der Batterieführer zu Hilfe kommt. Der Leutnant ist mitgekommen.

Vor dem General steht, in den Boden gewachsen, blaß und unscheinbar, ein bayerischer Infanterist. Den hat der Teufel geritten, daß er den General nicht erkannt und nicht rechtzeitig die Flucht ergriffen, sondern ihm seine Ehrenbezeugung gemacht hat, als ob nichts wäre. Er hat aber schnell begriffen, was los ist, als eine hohe klingende Stimme unmittelbar in seinen Magen schneidet: „Wo haben Sie Ihre Halsbinde?"

Der Mann erstarrt zur Säule, er weiß, jetzt hat der Blitz eingeschlagen, er sagt gar nichts.

„Wo haben Sie Ihre Halsbinde?" wiederholt der General.

Jetzt muß eine Antwort her, sonst ist ihm die ewige Verdammnis sicher. „Entschuldigens, Exzellenz, koane Sock'n hob i a net."

„Was sagt der Mann?"

„Entschuldigens, Exzellenz, koane Sock'n hob i a net."

Der General fragt die Ordonnanzoffiziere, was der Mann gesagt hat; keiner hat was verstanden. Gott sei Dank, nun haben sie den bayerischen Leutnant da. Der berichtet dem General: „Euer Exzellenz, der Mann sagt, er habe auch keine Socken."

„Soll das vielleicht eine Erklärung dafür sein, daß der Mann keine Halsbinde hat?"

Der General schaut den Leutnant sehr dienstlich an, als ob dieser für die Halsbinden der ganzen bayerischen Armee verantwortlich wäre. Der Leutnant steht in gefaßter Haltung und schweigt. Dem Infanteristen wird langsam wieder wohler.

Das sei eine durchaus ungenügende Erklärung, schmettert der General, ein Mann, der keine Socken hat, muß trotzdem eine Halsbinde tragen. Wo denn der Mann hingehört?

Er gehört zu einer bayerischen Sanitätskompanie, die irgendwo in der Nähe eingesetzt ist. Der Feldwebel muß kommen. Der Feldwebel hat unterwegs Zeit, sich die Sache zu überlegen. Es gibt nichts zwischen Himmel und Erde, dem ein Feldwebel nicht gewachsen ist.

„Eine unerhörte Schweinerei", sagt der General, „da ist ein Mann, dieser Mann da, der will den Umstand, daß er keine Halsbinde trägt, damit erklären, daß er keine Socken hat."

„Entschuldigen Sie, Euer Exzellenz", sagt der Feldwebel „den Mann kennen wir schon."

„Das glaube ich", sagt der General, wobei er im Tonfall merken läßt, daß er mit dem Feldwebel so weit zufrieden ist, da er den Mann schon kennt, wie es sich für einen Feldwebel gehört, „das ist eine unerhörte Schweinerei, der Mann muß bestraft werden."

„Jawohl, Euer Exzellenz", erwidert der Feldwebel, „den kennen wir schon, der ist im Kopf nicht ganz beieinander."

„Was? Was soll das heißen: im Kopf nicht ganz beieinander? Der Mann ist wohl im Koppe nicht ganz richtig?"

„Jawohl, Euer Exzellenz."

„Dann muß er nach Hause geschickt werden. Solche Leute kann ich im Felde nicht gebrauchen."

Der General und die beiden Husarenoffiziere sind weitergeritten, die drei bayerischen Soldaten, der Leutnant, der Feldwebel und der Infanterist haben ihnen in Haltung nachgeschaut.

Der Infanterist ist wirklich in die Heimat geschickt worden. Ich glaube aber, daß der Feldwebel dafür gesorgt hat, daß er da nicht allzu lange verblieben ist.

Reitunterricht

Reitunterricht besteht aus Reiten und Unterricht. Jeder glaubt, er weiß, was das ist. Wenn man Fachleute reden hört, sieht es anders aus. Selbst unter den Lehrern gibt es immer nur einen einzigen, der wirklich etwas davon versteht, und das ist der, mit dem man gerade spricht. Alle anderen meinen zwar, sie könnten mitreden, sind aber in Wahrheit arme, irregeleitete Stümper.

Ich habe einmal zugehört, wie in einem Prozeß über Schadenersatzansprüche, die jemand gegen einen Reiter erhoben hat, dessen Pferd ihm äußerst schmerzhaft auf den Fuß getreten war, ein Kavallerist als Sachverständiger vernommen worden ist, ein Major a. D., Ulan, ein Mann mit kleinem, faltigem Gesicht, müden Augen, schweren, aber gepflegten Händen, zarter Gestalt, mit angedeuteter Energie in der Haltung und einer Stimme, die auf Zimmerlautstärke schwer einzustellen war, – ein Mann, dem man angesehen hat, daß er zu seiner Entfaltung ein Pferd benötigt, daß er aber dann ein eisernes Mannsbild ist.

Der hat den Richter aufgeklärt, daß im vorliegenden Fall ein Irrtum vorliegt: Es werde immer vom Reiten gesprochen, er wenigstens höre immer dieses Wort. Wenn jemand ein Pferd dazu benütze, um sich von ihm tragen, irgendwohin befördern zu lassen, so sei das aber nicht geritten. Der Herr, der da auf einem Pferde gesessen sei, habe sich spazieren tragen lassen, geritten sei er nicht. Was unter Reiten zu verstehen sei, das hat er nur so beiläufig erläutert, weil er gesehen hat, daß ihn von den Anwesenden doch keiner versteht.

Beim Reitunterricht wird der Mann unterrichtet, der auf dem Pferd sitzt, nicht das Pferd. Das Pferd wird auch unterrichtet, aber viel früher. Ein Pferd zu unterrichten, ist etwas sehr Schwieriges. Der Lehrer ist dabei aller Hilfsmittel entblößt, die ihm beispielsweise beim Unterricht jugendlicher Schüler zur Verfügung stehen. Er kann dem Pferd keinen Arrest geben, er kann es nicht zum Direktor schicken, und er kann nicht die Eltern ängstigen und auf das Familienleben des Pferdes einwirken. Mit schlechten Noten ist auch nichts geholfen, und mit dem Hinweis auf moralische Verworfenheit und trübe Zukunft kann er sich seiner Aufgabe nicht entledigen. Beim Pferd ist es so, daß der Lehrer das Unterrichten wirklich können muß, daß er, und nicht nur Vater und Mutter des Pferdes, Geduld haben muß und Liebe zum Pferd, und daß ein Mißerfolg am Lehrer hinausgeht und nicht am Pferd. Wenn das Pferd nichts lernt, taugt der Lehrer nichts und nicht der Schüler. Die Lehrer, die Pferde unterrichten und dabei bewunderungswürdige Eigenschaften entfalten müssen, halten sich schadlos, wenn sie Leute unterrichten, die lernen wollen, zu reiten.

Und ganz gehen sie aus sich heraus, wenn sie jemand vor sich haben, der gezwungen ist, reiten zu lernen. Niemand ist imstande, sie an Kraft und Wildheit, an Phantasie und Reichtum des sprachlichen Ausdrucks zu übertreffen, an Jähheit zorniger Ausbrüche, an bebender Ruhe.

Im Jahre 1916 bin ich an der Westfront von einer unberittenen Stelle auf eine berittene berufen worden. Ich habe nicht reiten können, und das ist auch gar nicht nötig gewesen, weil für Infanteristen an der Westfront nicht viel zu reiten war. Mein Kommandeur hat das gut gewußt und hat das auch gesagt, immerhin ist aber befohlen worden, daß ich unverzüglich an einem Reitkurs für Infanterieoffiziere teilnehmen soll, der im Gelände des Ruhequartiers abgehalten worden ist.

Ich habe mich dort gemeldet – ohne Pferd, da mein Vorgänger, ein zünftiger Kavallerist, sein Dienstpferd, eine ungebärdige dreijährige Wildkatze, Gott sei Dank auf seine neue Stelle mitgenommen hatte.

Der Reitlehrer, ein im kräftigsten Mannesalter stehender Wachtmeister des Zweiten Bayerischen Schweren Reiterregiments, hat keine Freude gezeigt, wie ich gekommen bin. Er hat getan, als ob ich ein Pferd mitgebracht hätte, und hat gesagt, ich möchte vorwärtsmachen und auf die Reitbahn kommen. Ich habe ihn aufmerksam gemacht, daß ich kein Pferd habe, was ihn maßlos erstaunt hat. Nach einigem Nachdenken hat er gesagt, er hat ein Sofa zur Verfügung, den Schimmel des Führers der 9. Kompanie, die gerade in Stellung war, dieses Sofa könnte ich nehmen.

Der Schimmel ist gesattelt aus dem Stall geführt worden. Wir haben uns angesehen und gut verstanden. Ich habe gesehen, der Schimmel ist ein erfahrenes, in den Stürmen des Militärdienstes herangereiftes Pferd, das auch weiß, was Dienst heißt, und nicht statt dessen Vergnügen und Unfug sucht.

Die Reitbahn ist im freien Gelände gewesen, von einem hohen Plankenzaun umschlossen. Als ich ankam, stand ein Dutzend Pferde da, links bei ihren Köpfen, Zügel in der rechten Hand, die dazugehörigen Reiter. Ich habe mich hinten angereiht.

Der Wachtmeister befiehlt, wir sollen aufsitzen, und ich mache mich eifrig daran – ich habe natürlich gewußt, wie das geht – sehe aber zu meinem Schrecken, daß keine Bügel da sind, die man doch zum Aufsitzen braucht. Inzwischen springen die anderen am Pferd hoch und erreichen Streckstütz am Sattel, was sehr schön aussieht. Ich tue desgleichen, und es gelingt. Als ich im Sattel sitze, wendet sich der Wachtmeister zu mir und belehrt mich mit lauter Stimme, wie man die Zügel faßt, wie man zu sitzen hat und was mit Schenkeln und Beinen los ist. Ich habe erfahren, daß heute mit Zügel und Sporn – die Sporen sind das Schönste an berittenen Stellen, ich habe sie natürlich angehabt –, aber ohne Bügel geritten wird. Es war viel, was ich auf einmal zu hören bekommen habe, aber ich habe mir nichts daraus gemacht in der Zuversicht, daß ich leicht nachlerne, was die anderen bisher gehabt haben. Man glaubt ja nicht, wie sicher man im Sattel sitzt, wenn der Gaul ruhig und gesittet still steht.

Nun haben die Pferde Schritt gehen müssen. Eine einfache Sache, die dem Wachtmeister Zeit gelassen hat, über meinen Sitz Bemerkungen zu machen. Er hat geglaubt, ich verstehe ihn nicht, und hat immer neue Ausdrücke und Bilder gebracht, um sich verständlich zu machen. Ich habe aber schon gewußt, was er will, ich bin auch seinen Ratschlägen nachgekommen, aber er hat das nicht gemerkt.

Nachdem wir einige Male im Schritt die Bahn umkreist hatten, kommt das Kommando: Trab. Die Reihe ist angetrabt. Der Schimmel hat sich um meine Hilfe nicht gekümmert, sondern hat gewartet, bis der Vordermann angetrabt ist und Abstand gehabt hat, und hat sich dann in Trab gesetzt. Er hat gewußt, daß man es so machen muß, weil sonst gleich der Teufel los ist und das Antraben wiederholt wird, und hat deshalb die falschen Aufforderungen des offenkundig unerfahrenen Reiters unbeachtet gelassen. Mein Gott, wen hat er schon alles auf dem breiten Rücken getragen! Wenn er da nicht der Gescheitere wäre, was wäre dann nicht schon alles passiert.

Der Schimmel hat, woraus ich ihm keinen Vorwurf machen will, hochgeworfen, ist sonst aber ruhig gegangen. Doch mir hat es Mühe gemacht, mich im Sattel zu halten. Jedenfalls bin ich genötigt gewesen, darauf meine ganze Aufmerksamkeit zu richten und schließlich mit der rechten Hand – ich dachte vorübergehend, das war aber falsch – mich am Sattel festzuhalten, was mir Erleichterung verschafft hat. Der Wachtmeister freilich ist damit nicht einverstanden gewesen, aber ich habe ihn schreien lassen, weil ich unter keinen Umständen habe herunterfallen wollen.

Auf die Sporen habe ich nicht aufgepaßt. Selbst wenn ich es getan hätte, wäre es umsonst gewesen – ich habe dem Schimmel, ob ich wollte oder nicht, doch bei jedem Aufstoß im Sattel die Sporen eingesetzt. Eine Zeitlang hat sich der Schimmel das gefallen lassen; dann aber muß er sich gedacht haben, es ist doch ernst gemeint, er muß schneller gehen, und er hat sich nach innen begeben, ist rascher geworden und an der Reihe vorbeigetrabt. Bald haben wir die Spitze eingenommen. Weil er schneller gelaufen ist, habe ich ihn häufiger als bisher mit den Sporen gestoßen, ein ganz natürlicher, ja selbstverständlicher Vorgang. Er hat das aber mißverstanden. Er hätte langsamer, am besten wieder Schritt gehen sollen, dann wäre alles gut gewesen. Ich habe mit der linken Hand fest am Zügel gezogen, auch das hat keinen Erfolg gehabt; das mag daher gekommen sein, daß ich vom Anfang des Trabens an mich am Zügel einzuhalten versucht habe – was unmöglich ist –, daß das wahrscheinlich viele Reiter, die auf ihm gesessen sind, schon so gemacht haben, so daß ihm die Zügelbehandlung nichts mehr bedeutet hat.

Der Wachtmeister hat mir dauernd etwas zugerufen, des Inhaltes, ich solle das Pferd nicht spornen und solle schauen, daß ich unverzüglich an meinen Platz komme. Ich habe das wohl gehört, aber nicht ausführen können. Mir wäre nichts lieber gewesen, als unauffällig hinter der Reihe her zu traben.

Unsere Gangart ist immer schneller geworden, das Rufen des Wachtmeisters immer dringlicher. Auf einmal schwingt er eine lange Peitsche gegen uns und zieht dem Schimmel, nicht ohne meine Schenkel zu streifen, ein paar damit über. Das ist dem Schimmel zu dumm geworden. Jetzt rennt er ohnehin schon wegen nichts und wieder nichts wie ein Verrückter im Kreis herum, während seine Kameraden in Ruhe dahintraben, und bekommt trotzdem die Sporen, und nun schlägt man ihn auch noch mit der Peitsche und brüllt dazu – gut, ist recht, Himmel Herrgott, dann galoppiert er halt, wenn gar keine Ruhe wird. Er besinnt sich nicht mehr lange und setzt sich in Galopp. Mir gibt das einen neuen heftigen Ruck, ich lasse die Zügel fahren und halte mich mit der linken Hand an der

Mähne fest. Freilich verliere ich dadurch weiter an Haltung, und die Sporen kommen vom Bauch des Schimmels überhaupt nicht mehr weg, aber ich sitze doch ziemlich fest, während der Gaul dahinrennt.

Da sehe ich, wie der Wachtmeister vor uns eine dicke Stange aufbaut. Er hat das eine Ende an die Wand gestemmt, am anderen Ende steht er und hält sie hoch, das bedeutet Springen, das weiß der Schimmel und das weiß sogar ich. Auch das noch! Der Schimmel setzt an, und ehe er springt, bin ich schon über seinen Kopf hinweg über die Stange hinüber und überschlage mich; daß der Gaul springt, sehe ich nicht mehr, aber spüre ich.

Der Wachtmeister – ich liege noch – bleibt fünf Schritte vor mir stehen und fragt: „Wo haben Sie Ihr Pferd?" – Ohne meine Antwort abzuwarten, fährt er fort: „Was machen Sie denn da – es ist Reitstunde, Herr!"

Herr ist ein Wort, das zwar so ausgesprochen wird, wie es geschrieben wird, aber im Munde eines Reitlehrers etwas ganz anderes bedeutet.

„Habe ich Absitzen befohlen? Hier wird abgesessen, wenn ich es befehle, sonst nicht; ich bitte das zu beachten, ein für allemal. Und nun aufs Pferd, aufs Pferd, sperren Sie uns nicht die Bahn."

Der Schimmel hat schon geduldig und treu gewartet. Er hat den Kopf geschüttelt, als ich auf ihn zugegangen bin, zum Zeichen, daß er die Sache zwar nicht versteht, aber auch nicht übel nimmt. Er hat stillgehalten, als ich versucht hab, auf ihn hinaufzuklettern. Das ist mir indessen nicht mehr gelungen, weil ich mir einiges verbogen gehabt habe.

Den Wachtmeister habe ich später nicht mehr gesehen, weil wir aus der Gegend sehr bald weggekommen sind – den Schimmel aber noch oft. Ich habe ihn jedesmal begrüßt und ihm ein Stück Zucker gegeben, wenn ich eines hatte. Ich will hoffen, daß er sich darüber gefreut hat.

DER ECHTE PILOTY

Es war im Jahre 1921. Da war ein junger Maler namens Biglechner zum Sommeraufenthalt irgendwo an der Salzburger Grenze, wo er in einer Pension bei einer Witwe gewohnt hat. Diese Witwe hat in ihrem Wohnzimmer – die Pensionsinhaberin muß doch auch einmal für sich allein sein können – ein Bild hängen gehabt, das Porträt eines älteren Mannes in Pelzrock und Pelzmütze, Bruststück, unsigniert. Der Maler hat sich häufig in diesem Zimmer aufgehalten und hat mit der Witwe allerlei besprochen, was wichtig war. Zuweilen ist das Bild betrachtet worden. Es hat dem Maler sehr gefallen. Er hat gesagt, er hält es für einen Piloty. Auf jeden Fall verrät es die Hand eines bedeutenden Piloty-Schülers, es ist sehr schön und stellt einen großen Wert dar. Das hat die Witwe gern gehört. Wie der Maler dann abgereist ist, hat er geäußert, er möchte das Bild mitnehmen, er läßt es in München untersuchen, damit sie ganz sicher weiß, ob es von Piloty oder einem Piloty-Schüler ist. Es ist ihr recht gewesen, und er hat das Bild mitgenommen.

Die Witwe hat sich nach einiger Zeit wieder zum Heiraten gerichtet. Dem Bräutigam hat sie erzählt, daß unter ihrer Morgengabe auch ein Bild ist, das sie zwar jetzt nicht herzeigen kann, weil es mit Hilfe eines Malers untersucht wird, das aber sehr viel wert ist, was man schon daran sieht, daß es untersucht wird. Der Bräutigam hat sich gefreut. Er hat auf das Bild zunächst geduldig gewartet, auch nach der Hochzeit. Aber wie es so lang gedauert hat und der Maler nichts hat hören lassen, hat er gesagt, jetzt möchte er doch das Bild einmal sehen. Er hat dem Maler geschrieben; der hat geantwortet, das Bild wird immer noch untersucht, es sei sehr schön und wahrscheinlich ein Piloty, jedenfalls von einem Piloty-Schüler. Es hat wieder einige Zeit gedauert, ohne daß man was gehört hat, da ist der Mann schließlich ungeduldig geworden. Er hat den Maler aufgesucht und hat ihn auch im Atelier getroffen, aber ohne das Bild. Das habe er nicht da, sagt der Maler, das sei bei einem Professor zur Begutachtung, es wäre wahrscheinlich von einem Piloty-Schüler gemalt. Es würde nur noch kurze Zeit dauern, bis er Nachricht darüber geben könne.

Aber Nachricht ist keine gekommen. Der Mann hat jetzt geschrieben, daß er das Bild unbedingt haben müsse. Wenn der Maler das Bild noch habe, müsse er es unbedingt sofort zurückschicken, da man sonst annehmen müsse, er habe das wertvolle Bild verkauft. Noch einige solche Drohbriefe, dann ist das Bild endlich erschienen.

Die Frau hat einen Verwandten gehabt, einen quieszierten Beamten aus Salzburg, der sich mit Kunstgeschichte beschäftigt hat. Der ist einmal auf Besuch gekommen, und man hat ihn auf das wertvolle alte Bild aufmerksam gemacht. Er hat sich das Bild angesehen, hat es berochen und dann gesagt: „Das riecht ja ganz neu, die Farben sind ja noch gar nicht trocken; das ist ganz frisch gemalt! Keine Spur, daß dieses Bild alt ist."

Die Folge war eine Strafanzeige gegen den Maler wegen Unterschlagung, weil er das wertvolle Bild wahrscheinlich verkauft und durch ein wertloses ersetzt habe.

Das Verfahren wurde eröffnet. Zwei Tage vor der Verhandlung ist der Maler zu einem Anwalt gegangen, dieser möchte ihn verteidigen. Er hat ihm die Sache erzählt, hat ihn seiner Unschuld versichert und erklärt, er habe tatsächlich das Original, nicht eine Kopie an die Frau zurückgeschickt. Am nächsten Tag kommt er wieder zum Anwalt: jetzt müsse er es richtig sagen, er habe nicht das Original, sondern eine von ihm gemalte Kopie geschickt.

Was er denn mit dem alten Bild gemacht habe? – Das wäre gar nicht mehr da.

„Wo haben Sie es denn hingebracht?"

„Das habe ich zerschnitten, weil ich mich so darüber geärgert habe, weil es ein solcher Dreck war, daß ich es nicht mehr habe sehen können."

„Wie haben Sie dann die Kopie malen können?"

„Als mich der Mann gedrängt hat, habe ich die Teile wieder zusammengeklebt, die Kopie gemacht und das Original dann weggeschmissen."

„Mein lieber Herr", sagt der Anwalt, „das braucht Glauben. Also, ich glaube das einmal nicht, und ich trage das dem Gericht auch nicht vor. Das müssen Sie schon selber machen, vielleicht finden Sie jemanden, der's glaubt."

„Es ist aber so, wie ich sage", beteuert der Maler.

„Mit dem Reden ist nicht viel getan. Sie müssen schon mit klaren Beweisen kommen. Haben Sie vielleicht noch so ein paar Stücke des zerschnittenen Bildes?"

Das sei nicht ausgeschlossen, er wolle nachsehen, ob er nichts finde.

Der Verteidiger ist am nächsten Tag bekümmert in die Verhandlung gegangen; er hat vorausgesehen, die Ausrede kommt den Maler teuer zu stehen. Der Maler erscheint bei Gericht mit einer Rolle unterm Arm. Dem Anwalt berichtet er, er habe glücklicherweise einige Schnittstreifen gefunden und habe sie da mitgebracht. Um Gottes willen, denkt sich der Verteidiger, kann aber nichts mehr sagen, da der Gerichtshof eintritt.

Den Vorsitz führt ein hochgewachsener Landgerichtsdirektor, ein alter, erfahrener Richter, der seine Akten vom ersten bis zum letzten Wort kennt, der die Zügel der Verhandlung straff hält, dem die Angeklagten längst nichts mehr vormachen, der von vornherein weiß, was die Angeklagten sagen – es steht ja in den Akten –, und dem es lieber ist, die Angeklagten reden nicht lange, sondern lassen ihn reden.

Die Verhandlung beginnt. Die Anklageschrift wird verlesen. Der Vorsitzende fragt den Angeklagten, ob er eine Erklärung abgeben wolle, erteilt sich gleich selbst die bejahende Antwort, und berichtet, als ob er der Maler wäre, was er aus den Akten weiß, daß dieser durchaus bestreitet, an Stelle des Originals eine Kopie abgeliefert zu haben, und vergißt keine Einzelheit. Als er fertig ist, sagt er zum Angeklagten: „Nicht wahr, so ist es richtig?"

„Nein."

„Nein? Wieso nein?"

„Das stimmt nicht."

„Natürlich stimmt das" – der Ton wird etwas ärgerlich.

„Nein, nein", sagt der Maler.

„Ja, was wollen Sie denn?" – der Vorsitzende bekommt einen roten Kopf – „wollen Sie vielleicht behaupten, Sie hätten eine Kopie zurückgegeben, das da wäre eine Kopie?" Er weist auf die Staffelei neben dem Richtertisch, auf der das Brustbild des älteren Herrn im Pelz aufgestellt ist.

„Jawohl, das habe ich gemalt."

„So, jetzt will ich Ihnen etwas sagen" – die Stimme ist schartig vor Entrüstung – „Sie törichter Mensch wollen mir altem erfahrenem Richter Flausen vormachen. Wagen Sie das nicht, es bekommt Ihnen schlecht!"

Eine Pause. Der Richter atmet tief auf, legt die Arme breit auf die Akten, beugt sich vor, der Ton wird zur Ruhe gemeistert:

„Sie wollen natürlich nicht behaupten, daß Sie dieses Bild gemalt haben. Das wollen Sie mir doch nicht weismachen?"

„Das Bild habe ich gemalt."

Der Vorsitzende sieht ein, daß es aussichtslos ist, dem Akteninhalt zum Sieg zu verhelfen. Gut – er kann auch anders. Mit diesem Starrkopf wird er noch fertig.

„Wo ist das Original, wenn das die Kopie ist?"

„Das hab ich zerschnitten."

„Warum haben Sie es zerschnitten?"

„Weil ich es nicht mehr habe sehen können, weil es so ein Dreck war."

Die Anklage behauptet, der Maler habe das wertvolle Original verkauft, den Erlös für sich verwendet und dem Eigentümer eine wertlose Kopie geliefert. Was er nun vorbringt, ist so absurd, daß es die Anklage bestätigt. Aber es ist ratsam, den Mann ausreden zu lassen.

„Und was haben Sie mit dem zerschnittenen Bild gemacht?"

„Die Schnitzel sind zuerst im Atelier gelegen, dann sind sie mit anderem Kram wohl auf den Speicher gewandert..."

„So – nun fehlt nur noch, daß Sie uns erzählen, Sie hätten die Schnitzel mitgebracht" – die Stimme klingt gefährlich.

Der Maler merkt nichts.

„Jawohl", sagt er, „ich habe gestern gesucht und hab noch ein paar Schnitzel gefunden."

Der Verteidiger wird blaß. Dieser Angeklagte ist von allen guten Geistern verlassen.

Der nimmt seelenruhig seine Rolle zur Hand, wickelt sie auf und bringt ein paar längliche Leinwandfetzen zum Vorschein.

„Sieh mal an", – der Richter nimmt sie einzeln zwischen zwei Finger, hält sie weit von sich, betrachtet sie mit zornigem Lächeln und gibt sie dem Sachverständigen, einem Professor, der sie mit einer Lupe untersucht und sorgfältig auf das Bild auf der Staffelei paßt.

Der Vorsitzende wartet geduldig und sammelt sich für die Abrechnung mit dem verwegenen Maler. Dieser indessen zeigt keine Spur Verständnis für die Gefährlichkeit seiner Lage. Um so mehr sieht der Anwalt das drohende Unheil.

Der Sachverständige geht an seinen Platz zurück. Er sagt: „Es ist kein Zweifel möglich. Die vom Angeklagten übergebenen Schnitzel stammen von dem Original, nach dem die Kopie auf der Staffelei gemalt ist. Die Kopie ist übrigens eine ausgezeichnete Arbeit, und – soviel kann man aus den vorliegenden

Resten des Originals mit Bestimmtheit sagen – entschieden wertvoller, als es das Original war."

Das ist doch zuviel. Der Vorsitzende findet sich nicht mehr zurecht. Soll sich das Gericht zum Narren halten lassen? Er donnert den Maler an:

„Da hört sich doch alles auf! Wollen Sie jetzt endlich gestehen?"

„Ich habe doch gesagt, daß das Bild da oben von mir gemalt ist."

Das ist richtig, das hat er gesagt, sogar gegen den Willen des Vorsitzenden. Aber die ganze Geschichte ist doch einfach unmöglich. – Plötzlich leuchtet das Verständnis auf:

„Hören Sie mich einmal an! Sie sind geisteskrank, ein Narr sind Sie, verstehen Sie das? Ein Narr! Ich werde jetzt die Verhandlung aussetzen und Sie zur Untersuchung ihres Geisteszustandes in die Psychiatrische Klinik einschaffen lassen."

Vier Wochen ist der Maler dort untersucht worden. Das Gutachten hat gelautet, daß ihm gar nichts fehlt, daß er geistig rüstig und ganz in Ordnung ist.

Das Strafverfahren hat mit einer Verurteilung zu einer Geldstrafe wegen Sachbeschädigung geendet. Denn keinesfalls durfte der Maler das Bild, das ihm nicht gehörte, zerschneiden, mochte er sich noch so ärgern, gleichgültig über was, und mochte er auch ein wertvolles Bild als Ersatz liefern.

In der mündlichen Begründung des Urteils hat der alte Landgerichtsdirektor übrigens keinen Zweifel gelassen, daß nach seiner persönlichen Meinung einer der beiden Sachverständigen sich getäuscht haben mußte, der Künstler oder der Psychiater. Er hat die Verhandlung mit der Mahnung geschlossen, der Angeklagte möge sich recht in acht nehmen, daß er ihm nicht mehr in den Weg komme.

„Es wird gebohrt"

Es war am 9. Mai 1915. Da ist in unsrer Stellung bei Fromelles von den Engländern gesprengt worden, und zwar mit so großem Erfolg, daß eine Kompagnie mit Mann und Maus tot war. Das war das erste Mal, daß an der Westfront eine Stellung gesprengt worden ist, infolgedessen in mehr als einer Richtung überraschend und schrecklich. In der darauffolgenden Zeit hat alles mordsmäßig Angst gehabt. Die Leute haben gut aufgepaßt, ob sie nicht feststellen können, daß unter unseren Stellungen die Engländer neue Stollen bohren. Vielfach wurde gehört, daß gebohrt wird; es ist Meldung gemacht worden, die dann weitergegeben wurde. Zuerst wurde den Meldungen Beachtung geschenkt, als aber von allen Seiten gemeldet wurde, es wird gebohrt, da wurde abgepfiffen. Es kam eine Mitteilung in Form eines Befehls, daß nicht gebohrt wird, daß wir also nicht mehr melden dürfen, daß gebohrt wird; es ist den Mannschaften mitzuteilen, es wird nicht gebohrt.

Da ist eines Tages, es war Anfang Juli, zu mir der Gefreite Seibold gekommen und sagt zu mir, unter seinem Unterstand „Bertha" wird gebohrt. „Seibold", sage ich, „du weißt genau, daß nicht gebohrt wird; das hat gar keinen Sinn, daß gebohrt wird; es wird nicht gebohrt!" Das weiß er alles, aber es ist umsonst, es wird wirklich gebohrt, ich solle hingehen und selbst horchen. „Nein, das darf ich nicht, es wird nicht gebohrt." Ich solle nur einmal in den Unterstand Bertha hingehen, und ich werde selbst sehen, daß gebohrt wird. Er hat nicht nachgegeben, und ich war schließlich bereit, in den Unterstand zu gehen.

Wie wir dort sind, hat er sein Seitengewehr herausgezogen,

es in den Boden gestoßen und gesagt, ich solle das Ohr an die Klinge legen, was ich getan habe. Worauf ich gehört habe, daß direkt unter dem Unterstand mit einer Bohrmaschine gebohrt wird; man hat deutlich das gleichmäßige Tack-tack-tack Geräusch vernommen wie bei einer Nähmaschine. Ich bin aufgestanden und habe gesagt: „Seibold, auweh, direkt unter uns, da wird gebohrt." Das weiß er schon, hat der Seibold gesagt, aber was man da machen soll, will er wissen. „Ja", sage ich, „ich geh halt zum Kompagnieführer und sage es ihm." Das war kein starker Trost, aber doch ein bisserl einer.

Kompagnieführer war damals der Feldwebelleutnant Mader. Ich bin also hin zu ihm und sage: „Sie, unter dem Unterstand Bertha bohrt es." – „Jessas, jetzt fangt der auch an", sagt der Mader, „ich will nichts mehr hören!" Ich hab ihm gesagt, er solle sich selbst überzeugen. Lange hat er sich bitten lassen, aber schließlich ist er mitgegangen. Er hat das Seitengewehr in den Boden gestoßen, hat gelust und hat gesagt: „Sie, direkt unter uns, da wird gebohrt." „Aber was nun? Die sind da drunten, die können heute nacht sprengen, da bleibt uns nichts übrig, da müssen wir Meldung machen."

Er hat dem Bataillon telefonisch Meldung gemacht. Der Adjutant ist ans Telefon gekommen. Er hat maßlos geschimpft und das Gespräch beschlossen mit der Feststellung: „Es wird nicht gebohrt."

Da hat der Mader gesagt, ich soll selbst zum Bataillon gehen und dort Meldung machen. Ich bin also hin zum Bataillon, habe mich dort lange vergeblich herumgestritten, habe aber schließlich doch erreicht, daß ein Pionier-Offizier geschickt wird, der uns hilft. Wie er uns hilft, war uns unklar, aber wir haben gedacht, der muß was wissen, womit er helfen kann, dafür ist er Pionier.

Schön, ich bin also wieder vor und hab dem Mader berichtet, daß ein Pionier kommen wird. Richtig ist auch ein Pionier-Offizier gekommen, mit einem Mann, der ein großes Kasterl getragen hat. Er war sehr unwirsch. „Jetzt muß ich auch noch vor wegen diesem Unsinn", meint er. Wo denn da gebohrt werden soll? Wir haben ihn zum Unterstand Bertha geführt, da hat er dann einen Stab genommen, den er dabei gehabt hat, und einen Draht. Der Draht war im Kasterl. Den Stab hat er in die Erde gesteckt, mit dem Draht verbunden, und dann hat er gehorcht. Er schaut uns an und sagt: „Sie, ich will Ihnen was sagen, direkt unter uns, da wird gebohrt." Das wissen wir schon, haben wir gesagt, aber was wir jetzt nur tun sollen, das soll er uns sagen. Ja, deswegen ist er nicht da, sagt er, er kann nur feststellen, ob gebohrt wird, und das hat er festgestellt. Wie er das gesagt hat, will er so schnell als möglich davon, will schauen, daß er wegkommt. Das geht nicht, haben wir gesagt, er muß dableiben, er ist uns zugewiesen, um uns zu helfen. Dazu ist er nicht da, er geht, sagt er und will verschwinden. Da sind wir ungemütlich geworden und haben ihm gesagt, wir werden ihn nicht gehen lassen; wenn wir schon hier sein müssen, dann soll er auch hier sein. Wir haben ihn buchstäblich nicht weggelassen. Wir sind sehr unangenehm geworden, da hat er sich aufs Bitten verlegt. Das hat ihm auch nichts geholfen. Die Aussichten waren äußerst fatal; es war damit zu rechnen, daß wir noch diese Nacht in die Luft gehen würden. Da hat der Pionier-Offizier gesagt, ein Mittel wüßte er schon, eine taktische Maßnahme. Woher ausgerechnet der Pionier-Offizier etwas von taktischen Maßnahmen gewußt hat, ist uns unklar gewesen. Wir haben gefragt, was das wäre. „Daß Sie heute nacht aus dem Graben hinausgehen." Wir haben festgestellt, das sei vielleicht eine taktische Maßnahme für Pioniere, für Infantrie käme die nicht in Frage.

Trotz allem, ich bin mit dem Pionier-Offizier dann doch zum Bataillon zurück und habe dort versucht, man möchte uns gestatten, heute nacht aus dem Graben zu gehen, da wir befürchten müßten, heute nacht in die Luft zu gehen. Das Bataillon hat sich ans Regiment gewendet, dieses an die

Brigade, diese an die Division. Nach einer Stunde haben wir dann den Bescheid bekommen, daß wir diese Nacht aus dem Graben herausmüssen, daß nur Posten drinnen bleiben müssen, einige wenige Posten und ein Offizier, damit, wenn es losgeht, rechtzeitig Mitteilung gemacht wird; was nie und nimmer geschehen wäre, denn dann wäre es zu spät gewesen.

Der Offizier, der drinnen bleiben mußte, war ich. Das hat mich wenig gefreut. Die Posten sind vorsichtshalber alle so aufgestellt worden, daß hinter jedem ein Laufgraben war. Auch ich habe mich bereit gemacht, beim geringsten verdächtigen Geräusch davonzulaufen. Wir haben geraucht, um mit unserer Angst fertig zu werden. Es war sehr ungemütlich. Als die Nacht vorüber war, sind wir uns ziemlich als Helden vorgekommen. Wir waren froh, daß nichts passiert ist. Wir haben im Unter stand Bertha gehorcht: aus war's mit dem Bohren. Wir haben nie wieder was gehört. Wahrscheinlich war der Bohrstollen ersoffen, da hier ein äußerst großer Grundwasserstand war. Vermutlich ist in dieser Nacht das Grundwasser durchgebrochen, und das hat uns das Leben gerettet. Kurz, in dieser Nacht ist nicht gesprengt worden.

Die Konkurrenz

In den achtziger Jahren des vorigen Jahrhunderts kam die Eisenbahn ins Rottal, gemächlich und bescheiden. Schnelligkeit war weder ihr Ehrgeiz noch ihre Aufgabe und war auch keineswegs der größte Anreiz für die Rottaler, sich ihrer zu bedienen – vielmehr waren es die von ihr gebotenen Bequemlichkeiten, die jedermann neugierig und dankbar genoß: Schutz gegen Wind und Wetter, Unterhaltung mit den Fahrtgenossen, spannende Möglichkeiten, Bekannte in den Zug einsteigen zu sehen, und vor allem ausruhen zu können, ohne aufgescheucht zu werden, das waren die sinnfälligen Vorzüge für Bürgersleute und Bauern, für die Frauen im besonderen, und gegen sie kamen die Gefahren kaum mehr in Betracht, die dem Fuhrwerksverkehr durch die Eisenbahn drohten. Diese waren nicht gering, denn bislang hatten den gesamten Gütertransport die Pferde besorgt, und die Fuhrunternehmer nicht minder als die Pferdezüchter und die Gastwirte ringsum im Lande hatten davon gezehrt.

Aber, wie es schon geht, die Personenbeförderung lockte an, erwies werktags wie sonntags ihre Annehmlichkeit, und der Eisenbahn-Güterverkehr gewann damit Zeit, sich einzuleben, seinen großen Vorteilen an Billigkeit, Sicherheit und Schnelligkeit allmählich Geltung zu verschaffen und die Betroffenen an die neue Einrichtung zu gewöhnen.

Die Pferdezucht hatte immerhin den geringsten Schaden. Der Bedarf an Zugpferden aller Art blieb nach wie vor sehr groß, so daß die weithin berühmten Rottaler Pferde gesucht waren wie nur je. Die Landstraßen freilich wurden bald stiller, die schweren Fahrzeuge und die Blahenwagen blieben in den

Schuppen stehen, und die großen, weiträumigen Einkehren, die gewaltigen, stolzen Wirtshäuser, mit ihren breiten Stallungen und ihrem lustigen Leben alle Tage im Jahr, spürten schmerzhaft die Konkurrenz der Eisenbahn, die sie zweimal am Tage fernher auf Eisenschienen rollen hörten.

An dem Dorf, von dem hier die Rede ist, änderte sich wenig. Ein Bahnhof war gebaut worden, mit einigen kleinen Nebengebäuden und einem Güterschuppen mit Laderampe, rote Ziegelbauten alle, am Nordrand des Ortes. Mit den Häusern und den Höfen des Dorfes hatten sie keinerlei Zusammenhang, so wenig wie ein Eisenbahnwagen mit einer Kutsche. Fremd standen sie in der Landschaft, abweisend gegen ihre Umgebung, voll kalten Beamtenstolzes. Wer immer in ihnen zu tun hatte, spürte, daß er in einem Gebäude war – nicht in einem Haus –, in einem Gebäude zudem, in dem er sich auf einige wenige, rein fachliche Äußerungen und Handlungen zu beschränken hatte, in dem er sich aber nicht aufhalten konnte. Der Bahnhof war auch immer seltsam still, außer der Zeit, da Züge ankamen – zweimal am Tage. Es wurde wohl darin gearbeitet, aber man merkte nichts davon im Dorf. Wenn man, etwa aus Neugierde, untertags zum Bahnhof ging, konnte man aus dem Betriebsraum, zu dem der Eintritt streng verboten war, kurze, schrille Klingelzeichen hören, wohl auch die Stimmen der Beamten, des Expeditors und eines Adjunkten – das erhöhte aber nur den Eindruck feierlicher Abgeschiedenheit, der über dem Bahnhof lag.

Am Güterschuppen ging's etwas lebhafter zu, aber auch nur gelegentlich, und mit gezähmtem Eifer und weitab jeglicher Hast. Der Stationsdiener Michl Huber, ein Schreinergehilfe aus dem Dorf, umgänglich und geschickt, war von Natur gegen nervöse Eile gefeit. Er wurde, wenn man versuchte, ihn zu treiben, nicht schneller, sondern grob. Die Dienstmütze, die er in und außer Dienst nicht mehr vom Kopfe brachte, verlieh ihm Autorität, raubte ihm nicht, wie es zuweilen geschieht, den Verstand und minderte nicht seine Gabe, mit dem Publikum umzugehen wie mit seinesgleichen. Der Expeditor hingegen, ein älterer, wohlbeleibter Mann, aus Mittelfranken gebürtig, und der Adjunkt, der aus der nördlichen Oberpfalz kam, wo ein anderer Menschenschlag herwächst wie im Rottal, hielten sich in gemessenem Abstand. So kam es, daß der Bahnhof ein Gebiet ganz für sich blieb und mit dem Dorf nicht zusammenwuchs.

Eine Verbindung dahin stellte die Bahnhofsrestauration her, eine Wirtschaft mit Fremdenzimmern, gleichzeitig mit dem Bahnhof erbaut, dort, wo der Weg vom Bahnhof die Landstraße traf, die seit Menschengedenken vom Inn heraufkam, von der österreichischen Grenze, in gerader Haltung mitten durchs Dorf zog, und weiter nach Westen, eine lange Strecke dem Lauf des Inn folgend.

Die Restauration war bestimmt, den Reisenden vor Antritt und nach Beendigung der Bahnfahrt Labung und Aufenthalt zu gewähren, den reisenden Kaufleuten auch Unterkunft. Indessen wäre der Wirt, der sie von der Erbauerin, einer Brauerei, gepachtet hatte, damit auf keinen grünen Zweig gekommen. Die Kaufleute nämlich hielten an ihren herkömmlichen guten Herbergen im Dorf fest, die Reisenden zeigten wenig Bedürfnis nach Stärkung. Dagegen lag den Fuhrleuten, die zum Güterschuppen kamen, um dort ein- und auszuladen, die Wirtschaft gerade recht am Weg, sie kehrten fleißig ein, um, wie sie sagten, ihre Rosse rasten zu lassen. Es erschienen aber auch die Männer aus dem Dorf, die aus Gewohnheit teils oder aus geschäftlichem Pflichtbewußtsein oder aus Bedürfnis nach männlicher Geselligkeit wochenabends zum Bier zu gehen pflegten. Es gab eine gemütliche Ecke beim Ofen winters, ein schattiges Gärtlein sommers und einen kleinen Spaziergang hin und zurück, und neu war die Sache auch, so konnte es nicht fehlen. Bei gutem Wetter konnte man auch vor dem Haus unmittelbar an der Straße sitzen und dem Verkehr zum und vom Bahnhof zuschauen. Und bei klarer Sicht lagen dann die grünen Höhen jenseits des Inn, die Wälder über dem Kloster Suben im Blick, altbayrisches Land von herzbewegender Schönheit.

Dieses ansehnliche Dorf lag in der Ebene, die sich zwischen Rott und Inn ausdehnt, breit nach Osten, schmäler werdend nach Westen, wo Hügel von der Rott her sich allmählich gegen den Inn vorschieben, bildete den Mittelpunkt des untern Rottals und konnte umfangreiche Bauernhöfe aufweisen, eine weithin sichtbare Kirche, Schulen für Knaben und Mädchen, und ein Arzt und Apotheker fehlten ihm so wenig wie einige Kaufläden, Wirtshäuser und alle Gewerbe, die man füglich erwarten konnte.

Unter den Gewerben befand sich auch eine eingesessene Lohnkutscherei, die eine zweispännige und eine einspännige Mietkutsche zu Fahrten über Land bereit hielt, nebst drei Pferden, älteren Gäulen, die einmal bessere Tage gesehen hatten. Das Geschäft ernährte von je seinen Mann. Für die reisenden Kaufleute, die, mit Musterkoffern aller Größen ausgestattet, ihre Kunden in den verstreuten Dörfern und Marktflecken zu besuchen pflegten, um sie persönlich von der Notwendigkeit und dem Nutzen zu überzeugen, ein reich assortiertes Lager der Waren zu halten, die sie anzubieten hatten, gab es keine Auswahl. Wenn sie nicht schon mit eigenen Pferden auf der Reise waren, was zuweilen vorkam, waren sie für die ganze Umgebung des Dorfes auf die Lohnkutscherei angewiesen, denn kein Rossebesitzer, weder Wirt noch Bauer, ließ sich herbei, ein Pferd gegen Lohn in den leichten Wagen zu spannen. So war es Herkommen, und so geboten es die gute Sitte und das Ansehen, das mit dem Halten von Pferden verbunden war, und daran wurde um so mehr festgehalten, als die Geldbeträge, die zu gewinnen waren, nicht lockten. Die Pferde nämlich galten so viel wie sonst nichts auf der Rottaler Welt, und sie wurden daher auch keiner Anstrengung ausgesetzt, die nicht unbedingt nötig schien – es sei denn bei der Entfaltung von Schnelligkeit. Schnell zu fahren, bildete den Stolz und die Leidenschaft aller Männer, aber das war reiner Sport, den der Pferdebesitzer sich selbst vorbehielt und den er nach Laune ausübte, keinesfalls gegen baren Lohn.

Dem Lohnkutscher tat die Eröffnung der Eisenbahn empfindlichen Eintrag. Es kamen Tage und später sogar Wochen, wo eine Kutsche unbenützt in der Remise stehen blieb. Das gefährdete seine Existenz zwar nicht, da er eine kleine Landwirtschaft betrieb, die ihn ernähren konnte, allein das Herumfahren und der schöne Geldverdienst, ohne große Mühe erlangt, war ihm seit langen Jahren so zur selbstverständlichen Gewohnheit geworden, daß ein Einbruch darin die ganze Familie zunächst einmal aus dem Geleise zu werfen drohte.

Die Familie bestand aus vier Männern und einer Frau, der Ehefrau des in den fünfziger Jahren stehenden Familienoberhauptes Johann Vogleder. Dieser hatte das Anwesen von seinen Eltern überkommen, alsbald, nachdem er von der Ableistung seiner militärischen Dienstpflicht heimgekommen war. Das geschah im Jahre 1861. Er heiratete unverzüglich ein Mädchen, das etwas Geld mitbrachte, auch arbeitsam, tüchtig und gehorsam war, aber klein und unansehnlich von Gestalt. Von den Kindern, die sie ihm gebar, blieben zwei Knaben am Leben, Georg und Toni mit Namen. Die Kriege 1866 und 1870 ließen ihn unbehelligt – er hatte einen Schaden am Bein –, dagegen mußte sein um drei Jahre jüngerer Bruder Franz, gleich ihm gedienter Chevauxleger, einrücken, kam aber unversehrt und gesund zurück und blieb als sorgloser Junggeselle auf dem kleinen Hof.

Schon 1862 hatte Johann Vogleder mit der Mitgift seiner Frau Kutschen angeschafft und ausgediente Chevauxlegerpferde und hatte die Lohnkutscherei begonnen, seinen Vorteil wohl erkennend, da dergleichen im größeren Umkreis nicht vorhanden war. Das Geschäft kam rasch in Gang und blühte kräftig auf. Enttäuschungen gab es nicht. Die beiden Brüder fuhren im Land herum, die Frau werkte mit den heranwachsenden Buben zu Hause. Diese waren übrigens nach der Mutter geraten, klein und unansehnlich, aber zäh und zu jeglicher Arbeit kräftig, die keine übertriebenen Ansprüche an den Verstand stellte. Damit nämlich war es nicht weit her. So gelang es dem älteren, Georg, nicht, das Ziel der Volksschule zu erreichen – als er sie verließ, saß er noch immer unter den Anfängern. Doch hatte auch er soviel von der Kunst des Lesens, Schreibens und Rechnens gelernt, daß er im späteren Leben damit zurechtkam. Toni war im Vergleich zu ihm ein Gelehrter, obzwar auch er bei Prüfungen sorgsam versteckt wurde, um das Gesamtbild der Schule nicht zu trüben.

Den Vater kümmerte das wenig, er war vollauf zufrieden, daß die Buben der Mutter bei der Arbeit richtig an die Hand gingen.

Johann Vogleder war ein hagerer Mann mit verwittertem Gesicht und verschmitzten Augen. Daß seine Gestalt kaum die Mittelgröße erreichte, erkannte man erst, wenn er bei anderen stand. Das machte, weil er schlank war, sich kerzengerade hielt und einen federnden Gang hatte.

Wer viel mit Pferden auf Landstraßen herumfährt, wird gleichmütig und wortsparsam. Vogleder mußte nun freilich, zumal im Einspänner, wenn er neben seinem Fahrgast saß, aber auch auf dem Bock vom Zweispänner aus, viele Fragen beantworten und Gespräche führen; die reisenden Kaufleute liebten das. Indessen handelte es sich dabei zumeist um Dinge, deren Erörterung sich immer gleich blieb, um Schnittmustergespräche sozusagen, die ganz von selber liefen. Vogleder konnte sich dabei seinen eigenen Gedanken hingeben, sofern er dergleichen hatte, oder dösen, wie es das Schüttern einer Kutsche und der Blick auf den Rücken eines trottenden Pferdes bei leeren Wegen zu bewirken pflegten. Jedenfalls war er still und schweigsam, auch während er mit dem Fahrgast sich unterhielt.

Seine Pferde kamen ausnahmslos aus den Beständen von Reiterregimentern. Gut einexerziert durch viele Dienstjahre, bescheiden in ihren Ansprüchen auf Futter und Behandlung, gewöhnt, längere Strecken zu traben, eigneten sie sich vorzüglich für den Dienst des Überlandfahrens mit der Kutsche. Aufregungen blieben ihnen und dem Kutscher erspart, Motorfahrzeuge gab es damals noch nicht; und was sonst in den Weg kommen konnte, ein Trieb Rinder etwa oder ein windgebauschter Blahenwagen, konnte sie, die sie das Treiben dieser Welt genügend kannten, nicht erschrecken. Sie ließen sich auch nicht dazu bewegen, jemals eine andere Gangart einzuschlagen, als sie selbst für richtig hielten. Sie waren alt und erfahren genug, um selbständig handeln zu können – Vogleder wußte das genau und respektierte es. So also fuhr er jahraus und -ein die Straßen auf und ab, gegen Wind und Wetter abgehärtet, zufriedenen Gemüts, bei gleicher Arbeit ohne große Anstrengung und mit gutem Einkommen bei geringem Betriebskapital.

Zu Wohlstand gelangte er nicht. Er verlangte auch nicht danach. Es genügte ihm durchaus, daß er sich und seine Familie ordentlich ernähren und kleiden konnte – darüber hinaus sich anzustrengen, lag ihm nicht im Sinn. So blieb auch sein ganzer Betrieb, Anwesen und Geschäft, immer unverändert. Seine zwei Kutschen, mäßig gefedert, schwer an Gewicht, ratterten unentwegt ihre Straßen, als schon längst bequemere, raschere, leichtere und gefälligere Pferdefahrzeuge gebaut wurden. Freilich hielt er auch an seinen Preisen fest, und das rechtfertigte ihn bis zu einem gewissen Grade. Vielleicht dachte er durchzuhalten, bis seine Söhne ihn würden ablösen können, die dann tun mochten, was sie wollten.

Vorerst jedenfalls ließ er alles beim alten, selbst als die Eisenbahn eröffnet wurde und der Geschäftsbetrieb zu seinem bekümmerten Erstaunen rasch zurückging. Dann aber, nach einer Zeit tatenlosen Zuwartens, griff er zu einer kühnen Neuerung.

Er ließ seinen Sohn Georg, der nun an die zwanzig Jahre alt und zum Militär nicht eingezogen worden war, an die Züge gehen, um eintreffenden Reisenden, die etwa nach einer Fahrgelegenheit über Land Bedarf hatten, sein Fuhrwerk anzubieten. Schorsch, an sich wenig geeignet zu werbender Tätigkeit, vermochte anfangs weder die mögliche Kundschaft zu ermitteln, noch gelang es ihm, wenn er schon einen reisenden Kaufmann an seinen Musterkoffern erkannte, die erforderliche Beredsamkeit aufzubringen, um sich ihm verständlich zu machen. Schüchtern und aufgeregt ließ er die gute Gelegenheit vorübergehen. Häufig verwirrte ihn auch die Fülle von Bekannten, die als Reisende dem Zug entstiegen, und die seine stark entwickelte, natürliche und auch landesübliche Neugierde vollauf in Anspruch nahmen. Unterweilen hatte er die Fremden übersehen. Kurz, der Versuch Vogleders, auf diese Weise den Rückgang des Geschäfts aufzuhalten, zeigte wenig Aussicht auf Erfolg. Trotzdem wurde nichts geändert. Weder bequemte sich Vogleder, selbst an die Bahn zu gehen – er sagte, sein Ansehen ließe es nicht zu –, noch schickte er den jüngeren Sohn, der sich weit besser angestellt hätte.

Nun war einige Zeit vorher ein junger Mensch nach jahrelanger Abwesenheit ins Dorf zurückgekehrt, der Sohn Simon des Bindermeisters Geisreiter, eines stillen, fleißigen Handwerksmannes, der an einem Sträßlein, das aus dem Dorf in die Felder hinausführte, ein kleines Anwesen besaß. Bescheiden alles, das Haus, die Werkstatt, die Stallung, in der er ein paar Kühe hielt.

Seine Frau war bei der Geburt des zweiten Kindes, eben des Simon, gestorben; er hatte nicht wieder geheiratet, sondern sich mit einer Magd beholfen, bis die Tochter das Hauswesen übernehmen konnte. Solange nun die Frau auch schon im Grabe lag, sie war im Dorf unvergessen, wo sie ob ihrer seltsamen Erscheinung Aufsehen genug erregt hatte. Zierlich und äußerst beweglich die Gestalt, tiefschwarz das reiche Haar, funkelnd die dunklen Augen, fremdartig die Mundart, auffallend die Farbenfreudigkeit ihrer Kleidung. Niemand wußte, woher der Bindermeister diese Frau sich geholt hatte, er selbst gab keine Auskunft. Vom Bürgermeister und vom Pfarrer war zu erfahren, daß sie in Ungarn geboren sei. In den fünf Jahren ihrer Ehe gebar sie zwei Kinder, das Haus hielt sie in Ordnung, Streit gab es zwischen ihr und dem Manne nicht, die Kirche besuchte sie nicht regelmäßig, aber doch in schicklichen Abständen – mit dem besten Willen gelang es den Frauen des Dorfes, unter denen sich sehr scharfsichtige und erfahrene Kritikerinnen befanden, nicht, etwas Stichhaltiges gegen Frau Geisreiter vorzubringen. So dringend nötig ihnen das auch schien, da die Augen ausnahmslos aller Männer mit Wohlgefallen ihr folgten, wo immer sie sich zeigte. Vorsicht war geboten, denn gutmütig sah sie nicht aus. Ihr Blick war sehr unverbindlich, und zu vertraulichen Frauengesprächen war sie nicht zu bringen. So mußte man sich damit begnügen, die Vermutung zu äußern, sie stamme von Zigeunern ab, Schlimmeres war ihr nicht nachzusagen.

Ihr Tod im Kindbett nahm aber auch dieser Nachrede den Stachel, das ganze Dorf gab ihr das letzte Geleite, und ihr Andenken blieb lebendig, solange noch Leute im Dorf waren, die sie gekannt hatten.

Die Kinder wuchsen heran, zeigten lebhafteren Verstand, als er dem Durchschnitt im Dorf entsprach, und fielen halb dadurch auf, daß sie sich ganz für sich hielten. Dabei putzte sich das Mädchen höchst absonderlich und mit großer Sorgfalt, man wußte nur nicht wozu, da es niemanden in seine Nähe ließ. Als es das achtzehnte Jahr erreicht hatte, verschwand es, ein bildsauberes Geschöpf, aus dem Dorf, der Vater mußte wieder eine Magd ins Haus nehmen. Wohin es gegangen war, kam nicht zutage, nirgendwo konnte es festgestellt werden. Der Bindermeister gab keine Auskunft.

Simon versorgte die kleine Landwirtschaft und arbeitete als

Bindergeselle beim Vater. Mit neunzehn Jahren rückte er zur Fußartillerie ein in der sagenhaft fernen Garnison Metz und blieb dann jahrelang weg, erschien weder jemals in Urlaub, noch kam er nach Ablauf seiner Dienstzeit zurück. Eines Tages aber, gerade als der Bahnbau in Angriff genommen worden war, stand er wieder in der Werkstatt, schweigsamer als je. Die Leute zerbrachen sich die Köpfe – nichts ist aufregender, als einen Menschen ständig unter den Augen zu haben, über den man so gar nicht Bescheid weiß, der allen Griffen und Kniffen der Ausforschung trotzt, und den man doch schlechterdings nicht übersehen kann.

Denn das war unbezweifelbar: unter den Männern seines Alters erreichte ihn keiner an kraftvoller Wohlgestalt. Bei mittlerer Größe breiteten sich wuchtige Schultern über einem mächtigen Brustkorb, schmale Hüften hoben den Oberkörper noch besonders heraus, und oben drauf saß ein runder Krauskopf, freilich mit verschlossenen Gesichtszügen und mit Augen, die in guter Deckung immer auf Lauer lagen. Am Sonntag trug er städtische Kleidung aus Stoffen, die im Dorf noch nicht gesehen worden waren, nach Maß gearbeitet, wie die beiden ansässigen Schneider übereinstimmend erklärten. Auffallen mußte noch sein rascher, fördernder, Unrast verratender Gang.

Es wurde erzählt, er sei in Wien und Budapest Hoteldiener gewesen, er habe als Berufsringer Europa bereist, andere sagten, er sei auf einem Donaufrachtdampfer vom Schwarzen Meer nach Passau zurückgekommen, – ungewöhnlich mußten nach aller Meinung seine Wege gelaufen sein. Sicher war, daß er Geld mitgebracht hatte, denn alsbald schaffte er sich eine prächtige Einspännerchaise an, mit Polstersitzen und abnehmbarem Kutscherbock, mit verschließbarem Kofferbehälter, wohl gefedert der breite Kutschkasten. Dazu ein kräftiges, junges Wagenpferd ungarischer Zucht, das ihm einer der zahlreichen einheimischen Pferdehändler besorgt hatte.

Mit dieser Ausrüstung begann er Lohnkutscherei zu betreiben, so nebenbei und ganz unauffällig brachte er das Geschäft gut in Gang. Seine höheren Preise störten jene reisenden Kaufleute, zumal die jüngeren, nicht, die sich darin gefielen, in ansehnlichem Aufzug bei der Landkundschaft zu erscheinen. Vogleder sah diese Konkurrenz mit beträchtlichem Mißbehagen, kam aber bald wieder ins Gleichgewicht, als der Stamm seiner alten Fahrgäste, ohne Neuerungen zu verlangen, ihm treu blieb. Simon Geisreiter seinerseits beachtete den Vogleder in keiner Weise, er hielt sich ganz und gar für sich, und so war eigentlich alles in Ordnung.

Die Bahn nun brachte auch dem Simon Geisreiter eine Einbuße, die er nicht, wollte er seine Lohnkutscherei beibehalten, einfach ignorieren konnte. Es fiel aber auch ihm keine andere Parade gegen diesen Schlag ein als dem Vogleder, denn er erschien ebenfalls eines Tages beim Eintreffen eines Zuges am Bahnhof, zu keinem andern Zweck als der Schorsch, und behielt das von nun an beharrlich bei, dergestalt, daß die ankommenden Reisenden jetzt dem Angebot zweier Lohnkutscher sich gegenüber sahen.

Indessen waren die Kräfte der beiden Werber allzu ungleich verteilt. Gegen die gefälligere Erscheinung des gewandten Simon hatte der unansehnliche, unbeholfene Schorsch keine Aussicht, bei gleichzeitigem Auftreten zu obsiegen. Es kam dazu, daß Simon seinen Mann in der Regel gewonnen hatte, ehe der Schorsch diesen auch nur entdeckte. Blieb für diesen also nur der Glücksfall, daß mehrere Kunden mit einem Zug eintrafen oder ein Kaufmann ankam, der schon von jeher mit Vogleder gefahren war. Das nun ereignete sich im Laufe der Zeit mehrere Male, und es begab sich auch, daß Simon auf diese Weise einen Fahrgast, den er zuerst angesprochen hatte und auch gewonnen glaubte, an Schorsch überlassen mußte. Er glich die Gemütsbewegung, in die er dadurch geriet, damit aus, daß er eines Abends auf dem Heimweg vom Bahnhof den

Schorsch anfiel und jämmerlich verprügelte – mit einem solchen Überschuß an Körperkraft, daß der andere gar nicht auf den Gedanken einer Abwehr kommen konnte.

Schorsch fehlte eine ganze Woche am Bahnhof, aber dann erschien er wieder, von seinem Vater gezwungen, ängstlicher und unbeholfener als je zuvor. Von Simon wurde er weiterhin nicht beachtet, Prügel bezog er nicht mehr.

Aber der Wettbewerb war nun in einen so gespannten Zustand geraten und hatte die Anteilnahme des ganzen Dorfes so sehr wachgerufen, daß ein Ausgleich kommen mußte. Und der ließ auch nicht allzu lange auf sich warten, das Pferderennen am nächsten Pfingstmontag brachte ihn.

Seit vielen Jahren wurden im Dorf am Pfingstmontag zwei Pferderennen abgehalten, veranstaltet von einem Verband der im Rottal zahlreich vorhandenen Pferdezüchter. Sie bildeten das Frühjahrsfest der Landschaft zwischen Rott und Inn. Wer Freude an schnellen Rossen hatte, kam zu dem Fest, und da diese Freude allgemein war, erschienen alle Rottaler ohne Ausnahme. Die festlichen Veranstaltungen erschöpften sich in den beiden Pferderennen. Nicht einmal Bierzelte waren aufgeschlagen, und so blieben die Festbesucher auf die Wirtshäuser und Biergärten des Dorfes angewiesen, die dem Andrang sich noch niemals gewachsen gezeigt hatten. Den ganzen Tag schoben sich dichtgedrängte Scharen von Menschen, die entschlossen waren, unter allen Umständen fröhlich zu sein, die Dorfstraße entlang und ließen sich allmählich zur Rennbahn treiben, einer Wiese am Westrand des Dorfes, vor einem waldbestandenen sanften Hügel, wo um die Mittagsstunde ein Sprungreiten und um 4 Uhr nachmittags ein Trabreiten vor sich ging. So lebhaft das Gedränge auch war, Freunde gerieten im Laufe des Tages ebenso sicher aneinander wie Gegner, die einen alten Streit auszutragen hatten oder einen neuen suchten.

Das Leben der Rottaler, nicht nur der Bauern, war zu jener

Zeit mit der Pferdezucht eng verwachsen. Wer irgend dazu in der Lage war, hielt sich ein Pferd. Die Bauern betätigten sich als Pferdezüchter, in den Stallungen größerer Höfe standen zwanzig Pferde und mehr. Rossehändler aus Ungarn, Österreich, Tirol, Böhmen, versteht sich auch deutsche, waren das ganze Jahr über anzutreffen. Der jährliche Münchner Luxuspferdemarkt, ausgezeichnet durch eine glanzvolle Auffahrt des Hofes, sah Rottaler Pferde in großer Zahl, viele davon wurden prämiiert, und solche Auszeichnungen standen hoch im Wert.

Vollblütergestüte fanden sich nicht, wohl aber hielten sich manche Pferdezüchter als kostspielige Liebhaberei Rennpferde, mit denen sie auf leichten Laufwägelchen und winters im Pendelschlitten über Land jagten, die sie auch auf Rennen schickten. Jeder Rottaler kannte jedes im Rottal stehende Rennpferd, seinen Eigentümer und seine Leistungen.

Unter den Rennpferden waren Traber beliebter und standen höher im Wert als Galopper, die nur unter dem Sattel zu gebrauchen waren, auch als unzuverlässig galten – übrigens bei den Pfingstmontagrennen nur in älteren Exemplaren erschienen. Sie brachten natürlich ihre Reiter mit, die Rennbuben, zumeist halbgewachsene, leichtgewichtige Pferdeburschen, die verwegene und wichtige Mienen zur Schau trugen. Beim Trabreiten – der Sulky war nicht in Gebrauch – überwogen kräftige Gestalten, sogar gestandene Männer waren zu sehen. Denn die Traber, durchweg von ansehnlicherer Gestalt als die zierlichen Galopper, wollten mit Kraft gezügelt werden, den Buben traute man diese Leistung im allgemeinen nicht zu. Alle Reiter trugen im Rennen aufregenden Dreß: Reithosen aus Leder von gerade noch erkennbarer weißer Farbe, Stulpstiefel mit kurzem Sporn, grellfarbene Seidenblusen und eine gleiche Schirmmütze. Die Farben der Blusen unterschieden sie voneinander.

Vogleder nun beteiligte sich seit vielen Jahren an beiden Rennen mit seinen Pferden, die er selbst ritt. Das geschah aus

Gründen des geschäftlichen Ansehens, er glaubte auch, es dem Stande der Lohnkutscher schuldig zu sein, und verwies darauf, daß die Wiener Fiaker von jeher ein Gleiches taten. Es war ihm auch eine gar köstliche Gewohnheit geworden, durch die Menschenmenge hoch zu Roß zum Start zu reiten, als Gegenstand aufmunternder Zurufe, die Musik waren in seinen Ohren und die er als wohlwollendes Vertrauen hinnahm, mochten sie auch nichts sein als fröhlicher Spott. Vor dem Rennen jedenfalls konnte er soviel gelten als alle übrigen Teilnehmer, und das genoß er in vollen Zügen. Was nachher kam, das Rennen und die Preisverteilung, davon versprach er sich in der Regel nicht viel. Seine Pferde waren alt und müde und hatten weder Kraft noch Lust, sinnlos im Kreis herum zu rennen. Ihnen genügten vollauf die Reisemärsche wochenaus und -ein auf der Landstraße. Auch die Zuschauer teilten diese Meinung. Vogleders wegen geriet beim Rennen niemand in Erregung. Beachtenswert war indessen die gute Haltung, die der alte Vogleder als Reiter zeigte, hierin wurde er von keinem Rennbuben übertroffen. Seine Rennfarbe war dunkelblau mit roten Streifen.

Simon Geisreiter wußte, daß er mit dem Überfall auf den Schorsch keinen Ruhm geerntet hatte. Sein Ansehen mußte vielmehr dadurch leiden, daß er einen Gegner, der ihm überhaupt keinen Widerstand leisten konnte, geschlagen hatte. Trotzigen Gemüts, wie er nun einmal war, beschloß er, vor aller Welt seine Überlegenheit zu zeigen gerade dort, wo der alte Vogleder seine Beliebtheit und sein geschäftliches Ansehen zu kassieren pflegte, beim Pfingstmontagrennen. Er selbst hatte sich noch nie am Rennen beteiligt, aber bei gehöriger Vorbereitung konnte es nicht fehlen. So sah man ihn denn alsbald nach Ostern, wie er an Abenden sein Pferd auf der Landstraße, am Rande des Schönburger Waldes und auf einer Pferdekoppel, eine Wegstunde vom Dorf, eifrig trainierte.

Vogleder, als er hievon erfuhr, beobachtete ihn und stellte fest, daß er ein mäßiger Reiter, das Pferd aber ein sicherer Traber und erheblich schneller war als sein Schimmel Florian, mit dem er das Trabreiten in diesem Jahr bestreiten mußte.

Schwerer Kummer befiel ihn. In düsteren Farben malte er sich die Wirkung einer Niederlage gegen Geisreiter aus. Was er nie getan hatte, geschah jetzt: er holte sich den Florian zu ungewöhnlichen Stunden aus dem Stall, sattelte ihn sorgfältig und jagte den verdutzten Gaul herum, daß ihm Hören und Sehen verging. Florian hatte in seiner militärischen Dienstzeit gelernt, wie man übertriebenen Anforderungen zu begegnen hat, – er wendete alle seine Künste auf, aber Vogleder war durch nichts von seinem Vorhaben abzubringen, ihn mit Gewalt und unverzüglich zu Tode zu hetzen. Zu seiner Überraschung brauchte Florian in dieser Zeit keinen Dienst an der Kutsche zu machen und bekam mehr Hafer in seine Krippe, als er seit Jahr und Tag gesehen hatte. Das söhnte ihn mit der unverständlichen Rennerei etwas aus, und er begann munterer zu werden, fand schließlich sogar Gefallen an der Sache und lief nach Leibeskräften unter den wilden Schreien seines offenbar wahnsinnig gewordenen Reiters. Unter gewöhnlichen Verhältnissen wäre Vogleder von den Leistungen des alten Florian begeistert gewesen. Er hatte nicht geglaubt, daß dessen müde Knochen noch so viel hergeben könnten, aber beim Gedanken an Geisreiters Roß, das er unbedingt schlagen mußte, erstarb jede Hoffnung.

Die Bemühungen der beiden Konkurrenten waren natürlich nicht unbekannt geblieben im Dorf, sie wurden mit Spannung verfolgt, und Vogleder, der die Sympathien aller Dorfbewohner auf sich vereinigte, erhielt viele sachverständige und leidenschaftliche Ratschläge, wie er die Schnelligkeit Florians erhöhen könne. Aber schließlich konnte doch kein Einsichtiger mehr daran zweifeln, daß Geisreiter weit überlegen war. Da kam ein Nachbar Vogleders auf den Gedanken, dieser solle statt mit Florian mit des Posthalters Ilonka das Trabreiten bestreiten. Ilonka war eine ruhmbedeckte Schimmelstute, die in ihren guten Tagen dem Posthalter auf großen Rennen, und dann als Mutter von sechs Fohlen, viel Geld eingebracht hatte und nun auf ihren Lorbeeren ausruhen durfte. Gelegentlich fuhr der Posthalter mit ihr übers Land, aber andere Arbeit wurde ihr nicht zugemutet, sie hatte es gut.

Wider Erwarten sagte der Posthalter zu. Es freute ihn, dem Simon, der noch nie seine Wirtschaft besucht hatte, einen Streich spielen zu können, und noch mehr lockte es ihn, die Ilonka noch einmal im Rennen laufen zu sehen – er wußte, daß er sie dem Vogleder anvertrauen konnte. In aller Heimlichkeit wurde die Abmachung getroffen. Bei einem Proberitt am Pfingstsamstag, zu frühester Stunde, schon auf dem Rennplatz, gesichert gegen Beobachter, lief die brave, alte Ilonka mit soviel Feuer und Schwung, daß ihrem Reiter beinahe der Atem ausblieb. Geisreiters Gaul war gegen die Ilonka ein lahmer Igel.

Zu dem vielfältigen und umständlichen Herkommen des Pfingstrennens gehörte auch, daß der Posthalter, einer der bekanntesten Rossezüchter und Pferdehändler des Rottales, mit keinem seiner Pferde sich am Rennen beteiligte, und zwar aus keinem andern Grunde, als weil es noch niemals anders gewesen war. Um die Sitte zu wahren, verkaufte der Posthalter am Pfingstsonntag die Ilonka an den Vogleder mit dem Recht des Rückkaufes, und dieser meldete am Montag, unmittelbar vor Schluß der Starterliste, statt des Florian seine Ilonka als Teilnehmerin beim Trabreiten.

Geisreiter erfuhr davon nichts. Er war Zeuge, wie Vogleder im mittäglichen Sprungreiten mit seiner braunen Stute Dora eine beschämende Rolle spielte, und so erschien er mit ungebrochener Zuversicht beim Start des Hauptrennens; das ganze Rottal würde seine Überlegenheit über den lächerlichen alten Konkurrenten feststellen müssen.

Diesen würdigte er beim Aufmarsch kaum eines Blickes. Er sah eine blaurot gestreifte Jacke über einem Schimmel langsam sich durch die Menge schieben, mehr bedurfte es nicht. Vogleder war zur Stelle. Auf den Gedanken, daß dieser einen andern Gaul als seinen Florian reiten würde, konnte er nicht kommen. Im übrigen war es ihm ausschließlich um die Überwindung des Vogleder zu tun, mehr konnte er sich auch nicht erhoffen. Denn unter den vierzehn Pferden, die sich am Rennen beteiligten, befanden sich einige so bewährte Renner, daß er nicht die geringste Aussicht hatte zu siegen.

Da kam mit geduldigen Schritten ein großer, kräftiger Rappe in die Bahn. Sein Reiter räkelte sich mit unbeteiligten Mienen im Sattel, wissend, gleich allen den vielen Menschen rings umher, daß der Trojan, sobald es Ernst wurde, eine unerhörte Schnelligkeit entwickeln würde, von dem wilden Ehrgeiz getrieben, kein Pferd vor sich zu dulden. Mit Trojans Sieg rechneten die meisten Zuschauer; aber auch den beiden Trabern aus dem Stall des Brauereibesitzers Gilch, Amanda, einer jugendlichen, zierlichen, tänzelnden Apfelschimmelstute, und Pluto, einem erfahrenen, dunkelbraunen, hochbeinigen Wallach, fehlte es nicht an Anhängern.

Gilch hielt sich seit vielen Jahren Rennpferde, die er auf allen Rennbahnen des Landes laufen ließ. Er selbst strapazierte sich dabei nicht im geringsten. Er stellte seinen guten Pferdeverstand beim Einkauf und Einlernen der Pferde zur Verfügung, seine Erfahrung und Menschenkenntnis, nicht zuletzt seine behäbige Erscheinung; im übrigen behandelte er die Liebhaberei, wie er sie nannte, mit überlegenem Gleichmut, als ob sie seinen Geldbeutel nicht belasten würde, – auch der Stallmeister, den er sich hielt, schien dieser Meinung zu sein. In Wahrheit betrieb er mit den Pferden Reklame für seine Brauerei, eine kostspielige zwar, aber doch einträgliche, wie der Umsatz seines Bieres bewies, den er mit der Güte seines Erzeugnisses niemals erreicht hätte. Er gab für den Trainer seiner Pferde mehr Geld aus als für seinen Braumeister, hatte den Genuß einer noblen Passion und verdiente gut dabei, ohne sich mit Arbeit aufzureiben – nach der Meinung vieler ein Lebenskünstler also.

Dann zeigte sich noch ein Traber, der einen besonders guten Namen aus früherer Zeit mitbrachte, die Fuchsstute Flora. Müde setzte sie ihre schlanken Beine, die jetzt im Dienst eines Landarztes allzu sehr in Anspruch genommen waren, aber ihre Augen verrieten noch Feuer, an ihrem Blick konnte man ihr Alter von zwanzig Jahren nicht ablesen. In der Tat hatte sie die Lust noch nicht verloren, um die Rennbahn zu stürmen, und sie wußte gut, wie man es anstellen mußte zu siegen – wenn der Reiter sie gewähren ließ. Mit diesen vier Pferden konnte nur Ilonka es aufnehmen, falls sie noch zu laufen verstand, die übrigen waren auf Zufälle angewiesen, die bei Rennen solcher Art selten ausblieben.

Vor Beginn des Rennens mußten alle Pferde die Bahn einmal in langsamem Trab umreiten, damit die Zuschauer sie betrachten konnten. Die Größen hielten sich dabei bescheiden und lässig im Hintergrund, ihre Reiter nahmen mit Gelassenheit die Bewunderung und Spannung der nun dicht aufgestauten Menge entgegen, und die zahlreichen aufmunternden, vertraulichen und lustigen Zurufe. Die Gäule mit geringen Aussichten pflegten beim Umritt durch lebhaftes, vom Sporn der ehrgeizigen Rennbuben angestacheltes Temperament und erstaunliche Geschwindigkeit aufzufallen, die einzige und kurze Gelegenheit, Aufmerksamkeit zu erregen.

An diesem Pfingstmontag nun, nachmittags vier Uhr, stehen die vierzehn Pferde bereit am Startplatz auf der mit Menschen angefüllten Wiese. In zartem Blau spannt sich der Himmel über die maigrüne Flur, im Süden heben sich die Schneegipfel der Salzburger Alpen über den jenseits des Inn sich ausbreitenden dunklen Forsten empor – etwas zu deutlich, Föhn kündigt sich an. Büschel weißer Wolken, unendlich zierlich und freundlich, treiben spielerisch aus dem Westen heran. Heiß brennt die Sonne hernieder, der Abend wird ein Gewitter bringen.

Der Starter, Privatier Hell, ruft den Reitern zu, sie sollen den Umritt beginnen und mit Vorsicht dabei zu Werke gehen, denn in der Bahn stehen noch Menschen herum.

Geisreiters ungarischer Wallach Gulyas, des Gedränges und des Gelärmes ungewohnt, gebärdet sich aufgeregter, als es seinem Reiter lieb ist. Er saust so ungestüm los, daß Simon auf ein Haar aus dem Sattel fliegt und ihn nur mit größter Mühe wieder zu einer vernünftigen Gangart durchparieren kann, als er schon die halbe Bahn durchrast hat, gefolgt von den empörten Schreien der Zuschauer, die er gefährdet hat. Vogleder reitet gemütlich am Ende des Rudels, Ilonka kennt den Zauber, sammelt ihre Kräfte und freut sich auf das Rennen mit ihren alten Bekannten, Trojan und Flora.

Als man sich beim Start wieder versammelt hat, um auf den gelosten Plätzen Aufstellung zu nehmen, muß Geisreiter seine ganze Aufmerksamkeit auf Gulyas verwenden, der schwer schwitzt und höchst ungebärdig herumtänzelt, – er wird immer noch nicht gewahr, daß Vogleder nicht auf dem Florian, sondern der Ilonka sitzt.

Es herrscht gemäßigte Unruhe unter den Teilnehmern. Die Pferde sind zumeist abgeklärte Veteranen, die sich auch von jungen Reitern nicht aus der Fassung bringen lassen. Diese benehmen sich freilich ziemlich aufgeregt, aber mehr aus Wichtigtuerei als innerer Leidenschaft. Die älteren Reiter, mit Ausnahme Geisreiters, sitzen ruhig und gelassen. Vogleder ist schon seit Jahren immer der älteste – aber nicht der langsamste, wenn es losgeht, er beherrscht alle die Kniffe, mit denen man einen guten Start erwischt. Aufmerksam beobachtet er alle Bewegungen der Konkurrenten, vor allem der Flora, die ihren Platz neben ihm hat, und seine Augen schmunzeln über den tanzenden Gulyas. Nun wird es sich ja zeigen, was der Simon, der ihm das Brot neidet, für ein Held ist.

Da schwingt der Starter die Fahne – mit einem Sprung braust Gulyas davon, wie von tausend Teufeln gehetzt. Armer Simon, das wird nicht gut gehen – aber siehe da, allein, heraus aus dem Rudel, läßt der Gulyas mit sich reden, fällt in Trab und läuft gesittet voll löblichen Eifers vor allen andern seines Wegs. Eine ziemliche Strecke bleibt er unangefochten, die guten Pferde lassen sich Zeit, die andern freilich werden den großen Vorsprung, den er sich errungen hat, nicht mehr aufholen können. Darüber gewinnt Geisreiter so viel Ruhe, daß er wieder auf den einzigen Zweck seiner Teilnahme am Rennen sich besinnen kann, – beinahe hätte er in dem Wirbel der letzten Viertelstunde darauf vergessen. Schon ist die erste Runde gelaufen und noch ist er allein, er fühlt sich sicher, wenn auch sein Gaul merklich kürzer wird und die Verfolger nun nahe zu hören sind. Plötzlich erscheint der Rappe Trojan neben ihm – schon ist er vorbei. Tut nichts, mit ihm kann er sich doch nicht messen. Dann tauchen zwei Braune auf, er kennt sie nicht, die Reiter schreien und schlagen mit ihren langen Peitschen auf die Pferde ein, auch sie ziehen vorbei. Nun geht's in die letzte Kurve, Simon hält noch auf dem vierten Platz, da merkt er, daß er zur Peitsche greifen muß. Aber unter ihren Schlägen beginnt Gulyas zu springen, Geisreiter muß ihn verhalten, damit er wieder in Trab kommt, und unter dem donnert ein ganzer Schwarm, bei sich steigerndem Geschrei der Zuschauermenge, an ihm vorüber.

Da sieht er neben sich einen Schimmel – spürt dessen frische Kraft in seinem schlanken Trab, spürt die hoffnungslose Müdigkeit seines eigenen Pferdes, blinde Wut überfällt ihn. Vogleder ist im Begriff, ihn zu überholen – mit rasender Wucht schlägt er zweimal, dreimal auf den Schimmel hinüber, trifft ihn auch – es ist die Amanda – und zugleich den Reiter, ein brüllender Aufschrei der Zuschauer folgt unmittelbar darauf. Amanda ist zu jung, um zu wissen, daß sie im Rennen weiterlaufen muß, was ihr auch passieren mag. Sie saust, um sich zu retten, mit einem gewaltigen Sprung zur Seite und flüchtet unter die Menschenmenge, die sich ihrerseits durch wildes Gedränge und Geschrei zu schützen sucht. Indessen greifen rossekundige Männer rasch genug zu, um größeres Unheil zu vermeiden; Amanda wird angehalten und beruhigt, der Reiter zeigt einen blutenden Striemen im Gesicht.

Dicht hinter Amanda sind die beiden alten Freundinnen Ilonka und Flora gefolgt, im Begriffe, zum Endspurt anzusetzen. Weder der Sprung Amandas noch der Tumult und das Geschrei vermag sie zu stören, noch der Versuch ihrer Reiter, sie zu zügeln, – sie kennen sich aus, nicht umsonst sind sie in hundert Rennen gelaufen. Wie der Blitz stürmen sie rechts und links knapp an dem erledigten Gulyas vorbei, und mit vorgestreckten Köpfen sind sie auch schon in der Spitzengruppe. Vogleder hat nur noch aufzupassen, daß er bei dem Geschiebe im Sattel bleibt, alles andere besorgt die Ilonka. Sie hat jetzt den Trojan erreicht, hundert Meter sind noch zum Ziel, sie streckt sich, wird nochmals schneller, und vergnügt und selbstbewußt kommt sie als Siegerin ein, gefolgt von Pluto und Flora, die den verblüfften Rappen gerade noch überholt haben.

Brausender Jubel der Zuschauer belohnt Ilonka, die sich gleichmütig die Liebkosungen des Posthalters, der sie am Ziel erwartet hat, gefallen läßt. Schön war's, noch einmal so im Kreise herum zu jagen, hinter hetzenden Pferden her und sie einzuholen, eines nach dem andern, und zum Schluß besinnungslos ins Ziel zu sausen – wenn sie sich auch klar geworden ist darüber, daß nicht viel Sinn für sie dahinter steckt. Elend müde ist sie jetzt, die Beine schmerzen sie. Mit ihrem Reiter ist sie zufrieden – wie viele hat sie schon getragen! – er hat sie weder gespornt noch geschlagen und hat ihr den eigenen Willen gelassen; daß er über das Ausbrechen Amandas erschrocken ist, verzeiht sie ihm. Vogleder rutscht etwas benommen aus dem Sattel. So scharf zu reiten, geht eigentlich über seine Jahre. Ilonka hat beim Proberitt nicht vermuten lassen, daß sie beim Rennen doppelt so schnell wird. Ein Wunder, daß alles gut gegangen ist.

Ja, und wo steckt der Simon mit seinem Igel? Dem wird der Übermut vergangen sein, nun weiß er, mit wem er es zu tun hat. Langsam kommt der alte Vogleder wieder zu klaren Gedanken, die Ilonka hatte sie ihm schwer durcheinandergebracht. Ja, wo steckt der Simon?

Mit soviel Schwung hat er nach dem Schimmel geschlagen, daß er einen Bügel verliert. Gulyas quittiert das, ohnehin des Trabens müde, mit einem mißmutigen Rumpler, wird aber nochmals hart aufgerissen. Inzwischen trabt alles vorbei, was noch Beine hat im Rennen, und nun stört die Zuschauer nichts mehr, ihren Gefühlen Ausdruck zu geben.

Der Kaminkehrermeister Pummer, erschreckt, weil er auf ein Haar überritten worden ist, haut mit seinem Knotenstock zu, blindlings, und trifft den ohnehin genug mißhandelten Gulyas am Kopf. Der wendet sich jählings, beginnt zu toben und schlägt wütend nach hinten aus, wie will er sonst sich auch wehren. Dabei richtet er allerlei Unheil an. Frau Moser, die behäbige Frau des Dorfschmiedes, streift er an der Hüfte, was vollkommen genügt, um ihr prächtiges Kleid zu zerfetzen, sie an die Menschenmauer zu schleudern, sie auf vier Wochen arbeitsunfähig und auf lange Zeit hinkend zu machen. Der Dienstknecht Hans Viertel springt noch zur Seite, aber so gewaltsam, daß zwei Mädchen, die Töchter des Bergerbauern aus Zell, die es sich viel Mühe hatten kosten lassen, in die vorderste Reihe der Zuschauer zu gelangen, betäubt am Boden liegen. Den Geisreiter hat es blitzartig vom Gaul heruntergewirbelt – die vielfach vertretene Meinung, der in nächster Nähe befindliche Metzgergehilfe Michael Freudendobler, bekannt als Mann rascher und tatkräftiger Entschlüsse, habe dabei nachgeholfen, ist nicht ganz von der Hand zu weisen – und er bekommt einen krachenden Hufschlag an den Schädel.

Der Bader, der ihn zuerst untersucht, wundert sich nicht weniger als der Arzt, zu dem er gebracht wird: der Schädel hat gehalten, kein Bruch festzustellen. Simon, aus kurzer Bewußtlosigkeit erwacht, besteht darauf, nachts allein nach Hause zu gehen, und es gelingt, als ob nichts geschehen wäre.

Vogleder genießt inzwischen seinen Sieg, indem er Wirtshaus für Wirtshaus aufsucht, überall zeigt er sich, mit jedermann läßt er sich in Gespräche ein, er trinkt fleißig, und sein Selbstbewußtsein hat die festgegründete Erde verlassen und schwebt frei im Unendlichen.

Am späten Abend entlädt sich über dem Dorf ein unbemerkt herangekommenes Gewitter. Wohltätiger Regen rauscht hernieder und jagt die Menschen, die unter alten Kastanien in den Wirtsgärten sitzen bei Braten und Würsten und Bier, in die Stuben und treibt sie zur Heimkehr. Sehr zum Vorteil des alten Vogleder, der schon empfindlich geworden ist gegen Bemerkungen, die an seinem Erfolg auszusetzen finden, daß er ihn doch nur der Ilonka und dem Posthalter zu verdanken habe. Daß er das Pferd ernstlich als Eigentum erworben hat, wie er prahlerisch erklärt, glaubt ihm kein Mensch, aber gerade diesen Glauben will er jetzt erzwingen, und so ist es ganz gut, daß das Gewitter den Abend vorzeitig beendet.

Der Pfingstmontag wird abgelöst durch die beginnende Heuernte. Im tauenden Morgen zischen die Sensen ins hohe Wiesengras, Gabel und Rechen tun tagsüber ihr Werk, junges, kräftiges Heu verströmt seinen seligen Duft, die getürmten Heuwagen ziehen in die Scheunen, und die Abende sind erfüllt von der Musik des Sensendengelns. Das Frühjahr ist zu Ende, der Sommer hat begonnen.

Der Rottaler Eisenbahnzug rollt jetzt zwischen Wiesen mit Heuschobern dahin, die Kornfelder zeigen schon einen zarten Schimmer des Goldes, in dem sie bald erglänzen werden. Auf den Pferdekoppeln der Rott entlang weiden nur mehr Mutterstuten mit neugeborenen Fohlen, Jährlinge oder zierliche Traber; die Fülle der kräftigen Rosse steht jetzt im Geschirr bei schwerer Arbeit.

Zum Anwesen des Binders gehört eine Wiese, drei Tagwerk im Ausmaß, eine halbe Stunde vom Dorf entfernt gelegen beim Aumühlbach. Dort mähen in diesen Tagen der alte Binder und Simon, früh morgens, ehe die Sonne heraufgezogen ist, das schnittreife Gras. Die Ernteleute in den benachbarten Wiesen horchen zu ihnen her, ob sie nicht ein Wort von ihnen auffangen können. Der Vorfall vom Pfingstmontag geht keinem aus dem Gedanken, und jeden verlangt es, darüber zu reden.

Jeden, nur nicht den Simon. Der geht zur Wiese und zurück seines Wegs, als ob er allein auf der Welt wäre, es gibt nichts außer ihm. Unmöglich, an ihn heranzukommen, seine Miene tötet jede Anrede im Entstehen. Auf dem Bahnhof erscheint er nicht mehr. Der Schorsch, der jetzt das Feld behauptet, entbehrt ihn, seltsam genug.

IKARUS

Severin Urlhart ist vor allem durch seinen Gang aufgefallen. Er hat es immer eilig gehabt, mit vorgestrecktem Kopf und nach vorne geschobenen Schultern ist er mit weiten Schritten dahergegangen, als ob er etwas suche, nicht vor sich oder auf dem Boden, sondern in der Ferne. Wo immer man ihn gesehen hat, hat er den Eindruck gemacht, als ob er unterwegs wäre, als ob er gerade auf einem weiten Marsch begriffen wäre und sich um keinen Preis aufhalten dürfe.

Er ist eines Forstwartes Sohn gewesen aus dem hinteren Bayerischen Wald – hochgewachsen, breitschultrig, mit einem runden Schädel voll schwarzer Haare, mit frühzeitig starkem Bartwuchs und dunklen, abwehrenden, indessen gutmütigen Augen. Seine Leistungen auf der Schule, deren Besuch ihm Gönner ermöglicht haben, waren guter Durchschnitt; er schien auch da unterwegs zu sein und keine Zeit mit allzuviel Einzelheiten beim Lernen verlieren zu wollen. Außerhalb der Schule hielt er sich allein, er hatte keine Freundschaften, mit Mädchen ist er nie gesehen worden. Zuweilen verriet er ungewöhnliche Belesenheit in Dingen, von denen auf der Schule nichts zu hören war, aber er ließ sich dann auf keine weiteren Erörterungen ein, er wollte nicht ausgefragt sein und auch nichts erfahren. Ihn zu bedrängen war ergebnislos und gefährlich; bei den Lehrern verstummte er dann auf eine höchst eindrucksvolle Weise, bei Mitschülern wurde er grob und zeigte Neigung zu Gewalttätigkeiten, denen sich niemand, der seinen Zorn einmal gesehen hatte, aussetzen wollte.

Nach dem Absolutorium verschwand er spurlos, gelegentlich wurde erzählt, er studiere Hochbau.

Ich habe, immer ein Jahr hinter ihm drein, das gleiche

Gymnasium durchlaufen, habe ihn gut gekannt, aber kaum je ein Wort mit ihm gesprochen.

Als ich im vierten Semester bin auf der Universität in München, zu Anfang des Jahrhunderts, sagt mir eines Tages ein Freund, der mit Urlhart gleichzeitig von der Schule abgegangen war, die Sache sei jetzt so weit, der Urlhart – ich erinnere mich seiner mit Mühe – brauche ein paar kräftige Männer zur Hilfe bei seinem Flugversuch, und da habe er an mich gedacht und ich solle mittun. Das sage ich zu, ohne Besinnen und ohne daß ich eine Ahnung habe, wie ein Mensch sollte fliegen können, lasse mir aber gleichzeitig erzählen, was von Urlhart bekannt ist.

Der hatte tatsächlich mit dem Hochbaustudium begonnen, aber alsbald sich nicht mehr darum gekümmert, sondern sich ausschließlich und Tag und Nacht mit der Fliegerei beschäftigt – theoretisch natürlich, denn damals ist außer den Vögeln niemand geflogen, in Bayern jedenfalls nicht. Er hatte sich am Rande von Schwabing ein Zimmer gemietet und einen Schuppen und hatte dort, abgeschieden von aller Welt, gehaust und gewerkt. Versorgt wurde er von einem jungen Mädchen dienenden Standes, seiner Geliebten. Er hat sie mir später einmal gezeigt: ein sauberes, kräftiges Dirndl von fünfundzwanzig Jahren, freundlichen Wesens und von natürlicher, selbstsicherer Einfachheit. Er hat mich dann über diese Angelegenheit auch aufgeklärt. „Etwas Besseres", sagte er, „gibt es nicht für unsereinen als ein Dienstmädchen. Als ich da herausgezogen bin, habe ich jemand gebraucht, der mein Zimmer aufräumt, meine Wäsche in Ordnung hält und mir gelegentlich etwas Warmes kocht. Mit Hausfrauen ist ja kein Auskommen, sie verräumen alles, beschweren sich fortwährend, lassen einen nie in Ruhe, wollen immer von ihrem verstorbenen Mann und der Schutzlosigkeit ihres Witwenstandes reden, kochen können sie nur für eine ganz bestimmte kurze Zeit am Tag, nicht aber dann, wenn man essen will, und dabei verlangen sie eine

Menge Geld. Ich habe mich also ohne Hausfrau eingemietet und habe mich in der Nachbarschaft nach einem Dienstmädchen umgeschaut, das in ihrer freien Zeit zu mir kommen sollte. Die Martha ist mir dafür richtig erschienen, und ich habe sie gegen Stundenlohn angestellt. Aber ich habe zunächst viel Ärger gehabt. Aufgeräumt hat sie wie eine gelernte Hausfrau, nichts habe ich mehr finden können, um die Magerkeit meines Geldbeutels hat sie sich nicht gekümmert, und immer hat es ihr pressiert. Da hat es sich einmal gegeben, daß wir ins Reden gekommen sind, es hat sich gezeigt, daß sie ein prächtiges Frauenzimmer ist, Geschichten hat sie auch keine gemacht, und von da ab hat nichts mehr gefehlt. Wenn du gescheit bist, machst du's auch so. Du brauchst nicht erst ein Jahr hinter einem gnädigen Fräulein herrennen und dich zum Deppen machen und Zeit verlieren und Geld ausgeben, bis du zum Schlusse doch nur eine halbe Sache hast. Für nichts und wieder nichts mußt du herwarten und anhören, wie die geschupfte Gans dir gescheit vorreden will, und dann kannst du wieder gehen, wie du gekommen bist, weil sie nicht in Laune ist. Mit einem Dienstmädel ist das anders. Die ist zufrieden, wenn du mit ihr gut umgehst und ihr von Zeit zu Zeit deine Treue versicherst. Sie geht dir nie im Weg um, weil sie schon gar keine Zeit dazu hat; überhaupt ist das gerade richtig, daß man nicht so viel beisammen ist; wenn sie dann kommt, ist sie gut aufgelegt und lustig, macht dir die Arbeit, hört dir zu, auch wenn sie nichts versteht, fragt nichts, widerspricht nicht, bewundert dich und deine Arbeit und macht nicht aus allem eine Gnade; du kannst dich eben auf sie verlassen. Seit ich mich mit der Martha verständigt habe, brauche ich mich um mein Zimmer und meine Wäsche überhaupt nicht mehr zu kümmern und kann arbeiten wie ich will."

So hat sich der Urlhart das Leben eingerichtet, um sich ungestört seinen Plänen hingeben zu können. Er hat fliegen wollen. Aber nicht vermittels eines Motors, das ist ihm zu kompliziert und zu gekünstelt erschienen, sondern wie ein Vogel, nach Art des Ikarus, mit Flügeln. Er hat unendliche Berechnungen angestellt, wie groß und lang und breit und schwer Flügel sein müssen, um einen Mann in der Luft zu tragen. Er hat sorgfältig und gewissenhaft das Material ausprobiert für die Schwingen, die Verspannungen, die Verbindungen und hat in seiner Werkstatt einen Haufen Vögel, lebendige und tote, gehabt, um ihnen hinter die Schliche zu kommen. Darüber sind beinahe drei Jahre vergangen. Ich habe damals nichts von Technik verstanden und verstehe heute nichts davon, und dieser Mangel schmerzt mich nicht einmal; aber ich denke mir, der Urlhart hätte sich leichter getan und sich manchen Umweg erspart, wenn er nicht alles ganz allein und von Grund aus nach seinem Kopf hätte neu machen wollen. Indessen so einen Menschen wie den Urlhart leidet es nicht bei anderen Gedanken als den eigenen, wenigstens nicht, solange er jung und bei Kräften ist.

Also damals nun ist es so weit gewesen, die Flügel waren fertig und Severin Urlhart wollte den ersten Flug unternehmen. Wir haben ihn aufgesucht. Ich habe ihn unverändert gefunden. Der gleiche Schritt, die gleiche Haltung, die gleiche Unlust, sich ausfragen zu lassen. Von den Flügeln hat er nicht geredet, wohl aber hat er uns seine Anordnungen für den Flug auseinandergesetzt und Zeit und Ort des Versuches angegeben.

Ein paar Tage später, es war Ende Mai, haben wir uns auf dem Flugplatz getroffen, der schon erwähnte Freund und ich und noch ein Student, der Jurist Max Seeberger, mit seinem Lehrer in der Kunst des Trompetenblasens, einem Trompeter vom Ersten Schweren Reiterregiment. Ursprünglich hatte Seeberger sich selbst nach einer gedruckten Anleitung mit Notenbeispielen unterrichtet, das trug ihm aber so viele Nachstellungen ein, daß er damit aufhören mußte. Sein Hang zum Trompetenblasen war indessen unüberwindlich. So vertraute er sich diesem bewährten Lehrer an und bezahlte reichliches

Honorar in bar und in Naturalien. Aber es hat sich gelohnt. Denn er ist von nun an in den Sommerferien immer nach St. Bartlmä gefahren und hat über den See hin seine gefühlvollen Lieder geblasen: „Behüt dich Gott, es wär zu schön gewesen", „Die letzte Rose", „Die Lorelei" und dergleichen. Wenn dann die rauhen Herbstwinde den Königssee von Fremden gesäubert haben, ist er mit vollem Beutel und um viele Freundschaften reicher zur Universität zurückgekehrt.

Als Flugplatz hatte Urlhart das linke Ufer des Schwabinger Baches, dicht hinter der nördlichen Ecke des Nordfriedhofes ausgewählt, wo heute noch ein Fußweg zum Aumeister hinunterführt. Der ist jetzt mürrisch und will lieber nicht begangen werden, weil er neben den Straßen und Wegen, die angelegt worden sind, nichts mehr bedeutet und sich auch niemand um ihn kümmert; man läßt ihn in seinem Alter ungepflegt, die Buckel und Löcher bessert niemand aus – wozu ist er eigentlich noch da? Aber seinerzeit war er ein freundlicher und charmanter und verschwiegener Diener, der eilige und müde, verliebte und behäbige, geschäftige und besonnene, junge und alte Füße durch die Wiesen am Schwabinger Bach entlang sicher zum alten Steg beim Aumeister hinuntergeführt hat.

Das Ufer ist an jener Stelle ziemlich steil, der Bach ist etwa fünf Meter breit, jenseits liegt ein Wiesenstreifen vor dem Rand des Englischen Gartens. Und damals ist das ganze Gelände vom Friedhof bis zum Aumeister unbebaut gewesen, es hat, um seine Verwertung als Baugrund jederzeit zu ermöglichen, als Schafweide gedient.

Als wir in der ersten Abenddämmerung ankommen, ist Urlhart schon anwesend. Ein ungeheures Flügelpaar liegt auf dem Boden ausgebreitet; daneben steht ein großer Handkarren, auf dem er es herangeschafft hat. Ein junger Handwerker, der auch zur Stelle ist, hatte geholfen.

Wir sind sehr begierig, die Flügel näher zu betrachten, aber das wird nicht gestattet, weil wir doch nichts verstünden und unnütze Zeit dabei verloren ginge. Immerhin sehen wir, daß die Flügel die Form von riesigen Vogelschwingen haben, im wesentlichen aus Holz hergestellt und kunstvoll zusammengefügt sind.

Kein Mensch ist um die Wege gewesen.

Nun erklärt uns Urlhart unsere Aufgabe. Er wird zwanzig Meter anlaufen, am Rand des Steilufers abspringen, sich in die Flügel legen und über den Bach bis zum Englischen Garten fliegen. Dort sollen wir uns aufstellen, damit wir helfen können, wenn er beim Landen mit den schweren Schwingen nicht zurecht kommt. Eine einfache und klare Sache.

Urlhart ist ruhig wie immer, er steht vor uns in der beginnenden Maiennacht, die warm und lind sich auf die Landschaft herniederläßt, mit vorgestrecktem Kopf und nach vorne geschobenen Schultern. Keinerlei Aufregung ist ihm anzumerken. Ein Entenpaar zieht über uns eilig der Isar zu.

Jahrelang hat er an nichts gedacht als an diese Stunde, jetzt ist sie angebrochen, und es hat den Anschein, als ob er nur besorgt wäre, sich von ihr nicht aufhalten zu lassen.

Nun helfen wir ihm die Flügel anlegen. Ein breiter Gurt wird ihm um die Mitte geschnallt. Von diesem gehen vielfache Riemen und Gürtel aus Leder und Leinen hin und her um Oberkörper und Arme. Dann holen wir unter Leitung des Handwerkers die Flügel, die merkwürdig leicht sind im Verhältnis zu ihrer Größe, und befestigen sie an dem Gürtelgestell. Urlhart steckt seine muskulösen Arme, denen eine gewaltige Arbeit bevorsteht, und die er durch harte Übung darauf vorbereitet hat, in die Schlaufen, die innen an den Flügeln angebracht sind.

Während er sich wippend zurechtrichtet, gehen wir an den Bach hinunter und ziehen uns aus, um ihn zu durchwaten. Da sagt der Trompeter, es sei gescheiter, wir stellen uns im Bachbett selbst auf, denn der Urlhart fällt ja doch in das

Wasser hinein. Sollte er aber wirklich hinüberkommen, sind wir immer rechtzeitig bei ihm, da pressiert es dann nicht so wie im Wasser. Uns anderen ist es auch nicht recht geheuer, der geflügelte Mann sieht zu gespenstisch aus, und so stimmen wir zu und stellen uns von der Absprungstelle abwärts in kurzen Abständen im Bach auf. Das Wasser reicht uns an die Brust, es ist badewarm und strömt in ruhiger Eile dahin.

Es dauert nicht lange, da erscheint Urlhart oben am Ufer, wie eine dunkle Wolke, die sich auf die Erde verirrt hat, die Flügel sind waagrecht gespreitet, schwerfällig und zäh schwebt er heran. Auf der Uferhöhe springt er ab, ein rieselndes Rauschen wird hörbar, die Flügel bewegen sich leicht, sie decken den Flieger zu, aber sie tragen ihn auch, heben ihn etwas in die Höhe. Ja, es ist kein Zweifel, Urlhart fliegt mit seinen Vogelschwingen, seine Arbeit ist gerechtfertigt: was der Vogel in der Luft kann, kann auch der Mensch. Die Flügel rudern, der Menschenkörper ist kaum sichtbar, hinreißend ist der Anblick der Erscheinung.

Da, als der Vogel schon mitten über dem Bach ist, knackt es, er stürzt und fällt schwer auf das Wasser, das ihn ohne Zögern bereitwillig in seine wandernde Strömung aufnimmt.

Oben steht der kleinste von uns. Er kann nicht mehr zugreifen, denn der Bach hat es sehr eilig. Aber schon der nächste, der Trompeter, erwischt einen Flügel und hält ihn fest, und dann sind wir gleich alle zur Stelle. Das ist freilich sehr nötig. Die gewaltigen Flügel liegen auf dem Wasser auf, Urlharts Füße baumeln in der Luft, sein Kopf aber wird ins Wasser gedrückt, und er selbst kann nichts an dieser bitteren Lage ändern. Er muß ertrinken, wenn wir ihn nicht sofort herausbringen. Nun ist das aber nicht leicht. Wir versuchen ihn umzuwenden, das ist hoffnungslos; wir bringen es in der Hast auch nicht fertig, einen Flügel zu zerbrechen oder abzureißen, Urlhart hat solide gearbeitet. So zerren wir ihn zum Ufer hin, von dem er gekommen ist, zwei bleiben im Wasser, zwei springen heraus und ziehen, und so gelingt es, Gott sei Dank. Urlhart liegt unter seinen Flügeln auf dem Angesicht und rührt sich nicht. Zum Glück ist der junge Handwerker da, der kann mit dem Gestänge und Gegürtel umgehen und die Flügel losmachen.

Urlhart, kaum liegt er auf dem Rücken, wird wieder lebendig. Wir tragen die Flügel auf das flache Land hinauf, und er beginnt sofort, sie abtastend zu untersuchen. Am rechten Flügel ist irgendetwas zerbrochen, er sagt, das ist deshalb geschehen, weil er nicht gleichmäßig gerudert hat, er hat zu sehr auf den linken, den schwächeren Arm aufgepaßt. Das macht aber nichts, er hat gesehen und gespürt, daß er mit den Flügeln fliegen kann, sie sind nur etwas zu schwach, er macht jetzt größere und stärkere und dann geht's.

Wir befreien ihn von seinen Gurten und Schlingen, ziehen uns an, laden die Flügel auf den Handkarren und ziehen durch die helle Nacht heimwärts. Urlhart geht gelassen neben dem Wagen, mit weiten Schritten, die Schultern nach vorne geschoben, den Kopf vorgestreckt, als ob er etwas suche, das weit weg ist, und auf das er zumarschiert. Wir reden hin und her, was alles sich da eben zugetragen hat, aber er läßt sich auf kein Gespräch ein.

Keiner von uns hat von weiteren Versuchen etwas gehört. Urlhart ist wieder verschwunden. Was aus ihm geworden ist, weiß ich nicht. Ich nehme an, er ist immer noch unterwegs.

AUF DER HIMMELSLEITER

In einer jener mondvermählten Maiennächte, die den Menschen allen Kriegen zum Trotz an ein Erdenglück glauben machen, schlenderte Aloisius Binder vom Gaisberg niederwärts seiner Stube zu, die in einem alten Miethause an der Straße sich befand, die von Heidelberg den Neckar entlang nach Ziegelhausen führt.

Er studierte damals, anno 1904, im siebten Semester an der Universität Geologie, und Gott allein mag wissen, wie er in diese Wissenschaft geraten war. Sein Vater, aus einem ländlichen Kaufladen hervorgegangen, wirkte als Altphilologe an einem altbayerischen Provinzgymnasium. Er hatte seinerzeit das Studium der katholischen Theologie abgebrochen, als sich in ihm die unwiderstehliche Meinung festgesetzt hatte, daß ein Leben ohne Rosa Kandlinger, der ältesten Tochter eines Gasthofbesitzers und Pferdehändlers in seinem Heimatdorf, für ihn völlig sinnlos sei, und hatte den Lehrberuf ergriffen, ohne jemals auch nur einen Seitenblick auf Geologie zu werfen. Auf dem Gymnasium, das Aloisius Binder durchlaufen hatte, war auch nie von ihr die Rede gewesen; von wannen also kam ihm der Ruf zu diesem Fachstudium? Er selbst konnte darauf keine richtige Antwort geben – er sagte, es sei ihm eines Tages eingefallen, – nun, wie immer, der Einfall erwies sich als richtig. Binder fühlte sich wohl und alsbald zuhause in der Geologie, besaß festgegründete Verbindungen zu seinen Lehrern, und vor einigen Wochen erst war er von einer staatlich finanzierten Forschungsfahrt aus Spanien zurückgekommen.

Heute nacht hatte er mit Freunden in einem Gärtlein oben am Schloß ein Glas Wein getrunken, welcher Ausdruck besagt, daß die Fülle des genossenen Weins nicht weiter gemessen sein will. Er ging allein seines Weges zu Tal; wohin seine

Freunde geraten waren, wußte er nicht, sie waren lautlos von ihm abgefallen, er vermißte sie nicht im geringsten. Völlig ausgefüllt von sich selber, ohne Zeitgefühl, sog er mit jedem Atemzug Mondschein, Blütenduft und Neckarnähe ein, und vor ihm her schwang sich der melodiöse Vers: „Stadt fröhlicher Gesellen, an Weisheit schwer und Wein". Sein Schritt profitierte leider nicht von der Beschwingtheit seines Geistes, scheiterte vielmehr kläglich in dem Bemühen, sein Glücksgefühl in einen klaren Rhythmus zu übersetzen. Dergestalt, daß sich gelegentliches Stolpern nicht vermeiden ließ. Aber das störte niemanden, denn niemand befand sich auf dem Wege, und Binder selbst nahm nur mit vergnügtem Wohlwollen von den Fehltritten seiner Beine Kenntnis. Er wußte aus Erfahrung, daß er sich im Ernstfall auf sie verlassen konnte; warum sollten die treuen Burschen nicht auch einmal nach ihrer Weise fröhlich sein? Zudem, es eilte ja nicht. Die Woge, die ihn jetzt in der Talsohle aufgenommen hatte, trug ihn überdies mit unfehlbarer Sicherheit seiner Behausung zu.

Schon tauchte deren Haustüre vor ihm auf. Er verließ das schwerelose Gefährt, auf dem er geschwommen kam und das sich nun unhörbar im Nachthimmel verlor, ihm aber noch das Gefühl beglückenden Schwebens hinterließ, dem er sich eine Weile hingab. Als seine Füße festen Grund spürten, holte er mit träumerischem Tasten den Hausschlüssel aus der Tasche und legte ihn vorsichtig an das Schloß der Haustüre. Siehe da, ohne sein weiteres Zutun schmiegte er sich sogleich in die richtige Öffnung und sperrte gewandt und selbstsicher auf, bewundert und belobt von Aloisius ob der präzisen Ausführung dieser kniffligen Aufgabe.

Das Mondlicht hatte nun Zutritt zu dem Treppenhaus, beleuchtete den Eingang und den Ansatz der Himmelsleiter – einer Treppe, die in gerader Linie hinansteigt und sich damit begnügt, den Eingang in die Wohnungen durch eine verbreiterte Stufe anzudeuten.

Das Miethaus in der Ziegelhauserstraße, in dessen zweitem Stock Aloisius Binder ein sparsam möbliertes Zimmer bewohnte, wies über dem Erdgeschoß zwei Stockwerke auf und schloß ab mit einer winzigen Mansarde unterm Dach – jedes Stockwerk enthielt zwei Wohnungen, zwischen denen die Himmelsleiter vorbei und hinan führte. Die beiden Wohnungen hatten ein gemeinsames Kabinett, das sich zwischen den Stockwerken, ganz für sich, an der Himmelsleiter befand. Wer es aufsuchen wollte, mußte also die Wohnung verlassen und sich über die Treppe zu ihm begeben. Das mag heute unbequem erscheinen, damals und zumal in der Ziegelhauserstraße zu Heidelberg war es jedermann geläufig, auch den Studenten, die als Untermieter in großer Schar die älteren Häuser am Rande der Stadt bevölkerten. Im übrigen soll der Himmelsleiter nicht vergessen sein, daß sie dem bescheidensten Miethaus Ansehen zu geben vermochte. Sie hob die Stockwerke förmlich mit hinan, streckte im Innern das ganze Haus in die Höhe und verlieh den Wohnungseingängen etwas geheimnisvoll Vornehmes.

Aloisius hatte sich zu Beginn des letzten Wintersemesters hier eingemietet, auf zehn Monate, auf einen anderen Zeitraum vermietete Fräulein Dorette Rauder nicht, eine Dame reifen Alters, sorgfältig gesammelter Erfahrungen und klaren Geschäftssinnes. Sie war einmal kurze Zeit verheiratet gewesen, aber an einen ihrer so wenig würdigen „Schurken", daß sie bei der Scheidung nicht nur zu ihrem Mädchennamen, sondern auch zur Bezeichnung Fräulein zurückgekehrt war, um jede Erinnerung an ihre Ehe zu verwischen. Sie pflegte ihren Studenten auch niemals davon zu erzählen, nicht einmal andeutungsweise. Dagegen berichtete sie ihnen häufig und geflissentlich, daß sie aus gutem Hause stamme, eine sorgfältige Erziehung genossen und eine behütete und sorglose Jugendzeit gehabt habe, indessen durch eine unglückliche Häufung von Schicksalsschlägen ihres Vermögens zur Unzeit verlustig gegangen sei. Sie verweilte gerne bei der Schilderung ihrer Vergangenheit, kein Mieter konnte ihr entgehen. Daß sie nur ein Fünkchen Wahrheit enthielt und deshalb einen bedauerlichen Mangel an Einheitlichkeit aufwies, störte weder sie noch die Zuhörer, denen es durchaus an genügender Aufmerksamkeit fehlte, um Widersprüche und Ungereimtheiten festzustellen und zu beachten.

Fräulein Rauders Gestalt war lang und sehr hager, ihre Kleidung stets dunkel, von nonnenhaftem Zuschnitt. Zahlreiche Grundsätze regelten ihr Leben aufs vortrefflichste. Sie vermietete grundsätzlich nur an Studenten – davon lebte sie –, und zwar nur an solche aus guten, also zahlungskräftigen Familien, worüber sie sich bei einem Angestellten des Universitätssekretariats gegen kleine Erkenntlichkeiten Aufschluß erholte. Studenten, die einer Verbindung angehörten, wies sie grundsätzlich ab – ausgenommen Mitglieder des heiligen Wingolf, eines Bundes, der zumeist Theologen in sich vereinigte. Sie vermietete grundsätzlich nur auf zehn Monate und nahm niemals einen Mieter zum zweiten Male auf. Sie überforderte ihre Mieter nicht, ließ aber auch an ihren Forderungen nichts abhandeln, und es mußte grundsätzlich monatlich im voraus bezahlt werden. Bei diesen und noch vielen andern Grundsätzen solcher Art konnte sie gut bestehen. Da sie die Zimmer anständig ausgestattet hatte und sauber hielt, war sie gleichwohl bei den Studenten eine bekannte und gesuchte Vermieterin, niemals blieb eines ihrer Zimmer während der zehn Monate leer. Besonderen Eifer legte sie an den Tag, wenn sie Mütterlichkeit zeigen konnte, etwa, wenn ein Mieter erkrankte. Aber auch derlei Hilfeleistungen setzte sie grundsätzlich auf die Monatsrechnungen, nach festem Privattarif.

Sie gab insgesamt vier Zimmer ihrer Wohnung ab, eines davon zu erhöhtem Preis, da es eine bezaubernde Aussicht bot auf den Neckar und seine grünen Hänge, – dieses Zimmer hatte Aloisius Binder erstrebt, und er schätzte sich glücklich, es erobert zu haben. Sein persönlicher Kontakt mit Dorette Rauder ließ freilich etwas zu wünschen übrig. Mit ihrem sauersüßen Wesen hätte er sich abgefunden, auch mit ihren Monatsrechnungen, wenn ihm nur ihr badischer Dialekt nicht so zuwider gewesen wäre – so sehr zuwider, daß er nur in derbstem Altbayerisch mit ihr sprach, was hinwiederum sie als geradezu roh empfand. Indessen, ein gesunder junger Mensch, noch dazu wenn er eine richtige Arbeit hat, ist in seiner Unbekümmertheit und seinem Daseinsbehagen unverletzlich; Aloisius Binder war, alles in allem, mit seiner Bude vollauf zufrieden.

Also da steht er nun vor der Himmelsleiter und bestaunt den Mondesglanz, den bleichen. Es fällt ihm schwer, emporzusteigen – schließlich hebt es ihn aber doch hinan, und er gelangt in sein Zimmer. Mondlicht empfängt ihn. Bescheiden und still füllt es den Raum und bezwingt sein Herz. Langsam kleidet er sich aus, etappenweise, dann setzt er sich, aller Hüllen ledig, an das weitgeöffnete Fenster und horcht in die Maiennacht hinaus, die nun, da es dem Morgen zugeht, kühler wird.

Das merkt er plötzlich; eine Bewegung in seinem Innern schickt ihn auf das Kabinett. Er eilt aus der Wohnung und springt die paar Stufen der Himmelsleiter hinan, zu dieser Stunde kann er sicher sein, niemand um die Wege und das Kabinett leer zu finden.

Als er wieder an der Wohnungstür steht, sieht er sich ohne Schlüssel. Freilich, wo auch sollte dieser stecken, taschenlos ist er aus dem Zimmer gelaufen; wer denkt, wenn er im Mondschein am Fenster sitzt und aus einer glückseligen Stimmung heraus zum Kabinett getrieben wird, an Schlüssel?

Er überlegt, vorerst noch gemächlich und ohne durch seine Nacktheit bedrückt zu sein, wie er wohl in die Wohnung kommen wird. Nun: er wartet, bis ein Student heimkehrt, es wohnen genug davon im Hause, und zu jeglicher Stunde der Nacht passieren sie ein, unmöglich, daß sie heute schon alle zu

Hause sind, in solcher Nacht! Vor allem auf seinen Zimmernachbarn rechnet er zuversichtlich, den Studiosus Neck, aus Ostpreußen gebürtig, der eine ausgesprochene Abneigung dagegen hat, nachts zu schlafen.

Er setzt sich auf die Treppe, denkt in der Welt herum, wandert vom heimatlichen Niederbayern nach der Sierra Morena und zurück nach Heidelberg, der Stadt fröhlicher Gesellen, an Weisheit schwer und Wein; aber die Himmelsleiter liegt im Dunkeln, seine Phantasie beginnt langsam ihre Flügel einzuziehen. Um alles möchte er jetzt schlafen, auch auf der Treppe, aber das Frösteln, das ihn immer stärker überläuft, hält ihn wach.

Nichts rührt sich im Hause, kein Schritt ist auf der Straße vernehmbar. Da verläßt ihn allmählich seine Sicherheit, und er fängt an zu überlegen – bis zur hellen Frühe kann er unmöglich nackt da sitzen bleiben und sich den Frauen im Hause, die nun bald auf der Treppe erscheinen werden, präsentieren.

Es bleibt nichts übrig, er muß an der Wohnungstüre läuten. Fräulein Dorette Rauder wird ihn warten lassen und dann bittere Bemerkungen machen, denn nichts versetzt sie mehr in böse Laune, als wenn sie ihren Mietern nachts öffnen muß. Aber das will er gerne auf sich nehmen. Nur: wie wird er halbwegs manierlich und glimpflich an ihr vorbeikommen?

Eine Weile zögert er noch, vielleicht erscheint der Retter; wie oft ist im Leben zum Erfolg nichts weiter nötig als Geduld!

Vergeblich.

So gibt er sich einen Ruck, erhebt sich, geht zur Türe und läutet, kurz-lang, wie er muß, um sich als Mieter erkennen zu geben. Es bleibt still. Noch einmal setzt er die Klingel in Bewegung; endlich hört er den Pantoffelschritt, den bekannten, und ein unwilliges Brummeln. Dann fährt von innen ein Schlüssel ins Schloß, und nun ist der gefährliche Augenblick gekommen. Er drückt sich in die Türnische der gegenüberliegenden Wohnung – weit ist das freilich nicht, vielleicht zwei

Meter, die Himmelsleiter ist ganz schmal –, deckt die übereinandergelegten Hände vor seinen Leib und nimmt unwillkürlich eine demütige Haltung ein. Ein hochgehobener Kerzenleuchter erscheint im Türspalt, „wer ist es denn?" fragt eine unwillige Stimme.

„Fräulein Rauder", antwortet er, so beherzt es gehen mag, „es tut mir sehr leid, daß ich Sie in Ihrer Nachtruhe störe…"

Da hat Dorette Rauder die Nacktheit des Aloisius festgestellt. Ein gellender, langgezogener Schrei hallt wider im Treppenhaus, der messingene Kerzenleuchter samt der brennenden Kerze fliegt dem Aloisius an den Kopf, und mit Gekrach schlägt die Türe ins Schloß. Der Sprung, mit dem sich Aloisius in die Wohnung retten will, kommt zu spät. Gut, daß die Leute im Hause nicht schreckhaft und an Gepolter zur Schlafenszeit gewöhnt sind! Immerhin, der Angstschrei Dorettens klang aufreizend genug, um Hilfe herbeizuholen – Aloisius weiß sich keinen Rat. Er muß jetzt die Dinge an sich herankommen lassen, und da braucht er freilich nicht lange zu warten.

Dorette nämlich trommelt in fliegendem Schrecken ihre Mieter aus Schlummer und Bett. Sie schreit ihnen zu, Binder sei plötzlich wahnsinnig geworden, tobsüchtig und versuche, die Türe zu erbrechen. Die drei Studenten – auch Reck ist heute natürlich zu Hause – erscheinen alsbald, dürftig bekleidet, zu jeglicher Hilfeleistung bereit. Dorette schildert ihnen die Lage und fordert sie auf, sich auf Binder zu stürzen, ihn zu fesseln und dann fortzuschaffen, in das Krankenhaus oder sonstwohin, sie ist außer sich vor Angst und jammert, daß ihr das Schicksal nichts erspare.

Die jungen Männer verwundern sich sehr, denn niemals hat Aloisius Anzeichen von Irrsinn gegeben. Aber das Leben läßt sich bekanntlich nicht in die Karten schauen, und so beraten sie hastig, wie sie den Verrückten unschädlich machen wollen. Vorerst versuchen sie es in Güte. Studiosus Winklhofer aus Vilsbiburg, der bayerischen Sprache besonders mächtig – das ist wichtig, der Kranke darf nicht gereizt werden –, ruft hinter der verschlossenen Türe Binder mit seinem Namen an, und als dieser Antwort gibt, fragt er ihn, Mitleid in der Stimme, wie er sich fühle. „Mach die Tür auf", erwidert der, aber mit verdächtiger Dringlichkeit, die Winklhofer überhört. Um einen Grad pastoraler sagt er, Aloisius solle sich ja nicht aufregen, sondern ganz ruhig sein, niemand wolle ihm etwas zuleide tun, alles werde wieder gut.

„Red nicht lang, Rindvieh, sondern mach endlich auf", schreit dieser wütend und fügt einen Fluch daran, so farbig, wie sie in der Sierra Morena wild wachsen. –

Zureden hilft also nichts. Mit einem Ruck reißen die Jünglinge jetzt die Türe auf – Dorette entflieht kreischend in ihr Zimmer und schließt es ab – und werfen sich auf Aloisius, der sie seinerseits, damit er endlich und schleunigst von der Himmelherrgottstreppe weg in die Wohnung hinein kommt, wie ein Berserker anspringt.

Ein greulicher Tumult entsteht, der aber keinen Raum hat, sich richtig zu entfalten. Die Kämpfer hängen gefährlich an der Himmelsleiter, Aloisius allein bewahrt den Knäuel davor, die Stufen hinabzurollen, denn er verliert keinen Augenblick – obzwar schwer in Bedrängnis, irgend jemand hat ihn sogar beim Haarschopf – sein Ziel, die gottlob geöffnete Wohnungstüre, aus dem Auge. Er drückt und schlägt und zerrt und tobt, Keuchen und dumpfes Kampfgeschrei wird gehört, und siehe da, es gelingt, das Getümmel wälzt sich über die Türschwelle ins Innere der Wohnung. Hier geht den wilden Männern der Atem aus. Die drei Angreifer, reichlich zerzaust, lassen von Aloisius Binder ab, mag er noch so verrückt sein, sie benötigen eine Kampfpause. Dessen Haut weist ziemliche Schäden auf, unter dem zerwühlten Haarschopf blüht eine mächtige Beule – sie rührt vom Kerzenleuchter her. Er reckt sich unter tiefen Atemzügen wie ein Schwimmer, der sich aus einem schlingenden Strudel herausgearbeitet hat, ohne Groll gegen den Strudel, zufrieden mit seiner Leistung und glücklich über die Errettung.

Daß er sich ungetrübten Verstandes erfreut, ist auf der Stelle klar, als er jetzt hellauf lacht. Bleibt nur zu erklären, wieso er sich nackt auf der Himmelsleiter herumgetrieben hat. Das wird er gleich erzählen, sagt er, er muß sich nur erst waschen und anziehen, dann sollen seine Bezwinger in seine Bude kommen, er fühle sich so frisch, als ob er weiß Gott wie lange geschlafen hätte, eine Flasche Wein sei vorhanden.

Damit verschwindet er in sein Zimmer, und Fräulein Dorette Rauder kommt aus dem ihrigen heraus. Sie will es nicht wahr haben, daß die Gefahr vorüber ist. Der fürchterliche Blick, mit dem Binder sie bedroht hat! Und dann, sie weiß es doch: jedermann, der plötzlich vom Irrsinn gepackt wird, zieht sich unverzüglich nackt aus, Geisteskranke haben einen unwiderstehlichen Abscheu gegen Kleider. Und wie er sich auf sie werfen wollte – wenn sie ihm nicht geistesgegenwärtig den Kerzenleuchter an den Kopf geworfen und ihn auf diese Weise abgelenkt, und wenn sie nicht so blitzartig die Türe zugeschmettert hätte, wäre sie verloren gewesen. Wie ein Wilder hat er doch gegen sie getobt.

Sie muß sich aber zufrieden geben, Aloisius ist kerngesund. Die Maiennacht geht fröhlich zu Ende, der Morgen entfaltet sich wie eine Blume, der Mond kann sich nicht von ihm trennen, blaß lächelt er im zarten Himmelsblau. Die vier Studenten, mein Gott, sie sind so jung. Aus Dankbarkeit für ihre Jugend und den herrlichen Morgen sind sie fröhlich aus Herzensgrund. Und der Studiosus Winklhofer aus Vilsbiburg, des Studiums der alten Sprachen beflissen, ermangelt nicht, ausführlich des göttlichen Dulders Odysseus Erwähnung zu tun, dem dereinst vor dreitausend Jahren gleiches Geschick widerfahren sei. Schiffbrüchig trieb er auf einer Planke ans Land, aller Kleider beraubt. Nackt flehte er Nausikaa, die Königstochter, die mit ihren Gespielinnen am Strand großer

Wäsche und dem Ballspiel oblag, um Hilfe an – ach ja, der Menschen Schicksal wiederholt sich. Aber welch ein Unterschied. Nausikaa hat nicht aufgeschrien vor Schrecken über den nackten Mann, hat ihm nichts an den Kopf geschleudert und ihn nicht für irrsinnig gehalten, sie hat gleich gespürt, daß sie einen Unglücklichen vor sich hat, dem sie helfen muß – und hat ihm auch geholfen. Und daraus, erzählt Winklhofer, ist ein langes Fest geworden am Hof des Königs Alkinoos, das damit geendet hat, daß Odysseus heimgerudert worden ist nach Ithaka, heim von seiner zehnjährigen Irrfahrt, aber so voll des süßen Weins, daß er leider nicht zu erwecken war, als er zu Hause ankam.

Aloisius hört durchs offene Fenster Wellenschlag – aber nicht das Ägäische Meer rauscht ruhevoll unter blauem Himmel, sondern die Wasser des Neckars ziehen unten vorüber. Der alte Seefahrer Odysseus und das Königstöchterlein werden von den in die Morgenfrühe hinein zechenden fröhlichen Gesellen mit vielfachem Zutrunk geehrt und gepriesen, Fräulein Dorette Rauder hingegen wird jede Berechtigung aberkannt, mit Nausikaa, sei es auf welche Weise immer, verglichen zu werden.

DER SCHMIED DIRIAN

Es gibt Landschaften von herzbewegender Schönheit. Wer ihnen einmal begegnet, aufgeschlossenen Sinnes, verfällt ihnen. Er trägt hinfort seinen Kummer und seine Freude zu ihnen, in der Sicherheit, dort Verständnis zu finden und Trost und Widerhall jeglicher Fröhlichkeit. Das Wissen darum gehört zu den großen Geheimnissen des Lebens; es ist besser, man spricht nicht weiter davon.

Mitte Dezember im Jahre 1904 habe ich mich aufgemacht zu einer kurzen Fußwanderung durch die Wälder an der alten bayrisch-böhmischen Grenze. Ich bin von München her nach Passau gekommen, auf einer langsamen, aber höchst kurzweiligen Bahnfahrt, durch flaches Land zunächst, bis hinter Plattling allmählich die Waldberge nordwärts sichtbar werden, die dann neugierig bis an die Donau heranrücken und zuweilen kaum mehr Platz lassen für menschliche Ufersiedlungen. Nirgendwo hat sich harter Winter gezeigt. Schneefrei liegen die festgefrorenen Fluren im Schlaf.

In Passau, der allzeit gewaltigen Stadt, großartig und heimlich zugleich, von ältestem, unverbrauchtem Stadtadel, – ich liebe diese Stadt wie eine Mutter – verbringe ich Abend und Morgen. Als gegen Mittag die über den drei Flüssen wogenden Nebel widerwillig vor der Sonne zerfließen, fahre ich mit einem Züglein, das unabhängig ist von jeglichem Anschluß an das völkerverbindende Eisenbahnnetz und sich frei und vergnügt auf seiner schmalen Spur tummelt, donauabwärts. Halbwegs der kurzen Strecke überqueren wir die Donau auf einer gefährlich aussehenden eisernen Brücke, und siehe da, hier zeigt sich, daß auch unser Züglein dem gewaltigen Geschlecht der rasenden, fauchenden Ungetüme zugehört, –

mit deutlich hörbarem Donner rollen wir stolz über die Brücke, hoch über dem ewig dahinrauschenden Strom.

Aller Gemächlichkeit zum Trotz ist die Endstation bald erreicht, und nun habe ich einen Weg von sieben Stunden Fußmarsch vor mir, einen herrlichen Weg, zum Rand des mächtigen Waldgebirges, das sich gegen Mitternacht weithin ausdehnt. Ein prachtvolles Vorwinterwetter mit Sonne und klarer Sicht und frischer Luft empfängt mich am Beginn der Wanderung. Der Rucksack lacht vor Freude, als ich ihn auf den Rücken schwinge, und die Eisenspitze des Wanderstekkens klingt hellauf, so oft sie den gefrorenen Boden trifft.

Die Beine wollen wie Pferde, die lange nicht bewegt worden sind, ungebärdig zu rennen anfangen, die Erfahrung redet ihnen aber gut zu und zügelt sie mit dem Versprechen eines ausgiebigen Reiseweges. Das Herz, ach das Herz taumelt vor Freude, die Lungen atmen in tiefen Zügen, und die Augen sammeln ein, was sie von den vertrauten Herrlichkeiten nur immer erreichen können. Zunächst geht's eine beträchtliche Höhe hinan, die Straße liegt still in den Berg hineingebettet, sie ruht aus von den Beschwerden, die sie jahraus jahrein in den langen Tagen zu erdulden hat. Niemand begegnet mir. Von unten höre ich noch das Geklapper des geschäftigen Zügleins, das hin und her rollt, um sich zur Heimfahrt zu richten; zuweilen stößt es einen heiseren Pfiff aus, mit dem es zur Vorsicht vor den Gefahren seines Ungestüms warnt. Spatzen und Meisen mühen sich um Nahrung in der Hinterlassenschaft von Pferdefuhrwerken, die des Weges gezogen sind. Sie flattern vor meinem Schritt auf, und das ist die einzige Bewegung, die ich in der Landschaft hervorrufe.

Auf der Höhe angelangt, belohnt mich nicht der Blick in die Tiefe, der das Gefühl der Erhabenheit verleiht, sondern, soweit ich nun ringsum schaue, befinde ich mich auf einer Ebene mit der mir sichtbaren Welt. Ganz schmal nämlich ist der Einschnitt, den der Strom in unablässiger Arbeit von Zehntausenden von Jahren in das Land vorgenommen hat, und er ist, von oben gesehen, ausgefüllt von dunklen Wäldern. Am fernen Horizont im Süden grüßen Berge her zu mir, Riesen, jetzt anzuschauen wie zartes blaues Seidengespinst. Gegen Norden breitet sich Wald, ich marschiere weiterhin ostwärts, noch immer steigt die Straße. Still ist's auch auf der Höhe. Auf einem Acker wird Mist in die Furchen gestreut, später überhole ich ein knarzendes Langholzfuhrwerk, vier Pferde sind vorgespannt, aber nur mühsam geht's voran, der Fuhrmann hat zu schwer geladen. Dann treffe ich mit dem Postboten zusammen, einem älteren Mann, der mit müde scheinendem, aber erstaunlich förderndem Schritt auf einem Fußweg zur Straße herankommt, sein Zustellgang ist zu Ende, die große, schwarze Ledertasche hängt leer auf seine Hüfte herab, auch sie hat für heute genug.

Unterdem sind Nebel lebendig geworden, über das Donautal kriechen sie herauf, schwingen sich über die Fluren hin, dicht am Boden, angetrieben von einem neuaufgetretenen kühlen Ostwind, und erreichen den hochgelegenen Flecken eher als wir beide, der Postbote und ich. In der alten, behäbigen Wirtschaft „Zum Böhmerwald" kehre ich zu, gewohnterweise, stärke mich an einem Imbiß und will auch Wärme aufspeichern für den weiteren Marsch, denn Nebel und Wind führen zudringliche Kälte mit. Über einem behaglichen Gespräch am Ofentisch verliere ich die Zeit etwas aus den Augen, und als ich wieder aufbreche, bin ich mit einer ansehnlichen Verspätung belastet. Das stört mich aber nicht – nichts auf der Welt könnte mich heute stören –, ich verlasse Wirtschaft und Markt und schreite kräftig aus, steil abwärts zunächst, in einen dunklen Grund, vom Kirchturm her begleitet mich ein Stundenschlag. Zäher, finsterer Nebel schwimmt vor mir her, er versucht auf mannigfache Weise mir Schwierigkeiten und Angst einzuflößen. Zwar gibt er für jeden Schritt einen kleinen Fleck Erde für die Sicht frei, im übrigen aber schlägt er mich mit völliger Blindheit. Er möchte gerne, daß ich ihm, der ziellos auf und ab, hin und her treibt, folge, mit weichen Armen will er mich in seine Bewegung locken, abseits, in die Irre. Bei mir gelingt ihm aber heute nichts, denn ich kenne den Weg zu genau und weiß, zwischen welchen Wiesen und Hängen und Wäldern er dahinzieht. Ich fühle mich außerdem so unendlich froh, daß ich gefeit bin gegen jede Ablenkung und Gefahr. So wandere ich dahin, meines Weges und des Zieles sicher, gleichmäßigen ruhigen Schrittes in ausgewogener Bewegung, die mir allmählich gar nicht mehr bewußt ist. Die Gedanken kommen und gehen, wie sie wollen, ich lasse ihnen freien Lauf, halte sie nicht und locke sie nicht herbei, freue mich ihrer, und so also wandere ich kurzweilig dahin.

Nun komme ich an die kleine Brücke, die einen Bach überspannt, der eine gute Wegstunde entfernt oben im Wald entspringt und von hier aus noch ein halbes Stündlein sein eigener Herr ist, dann nämlich taucht er in einem Fluß unter. Er soll in seinem unteren Lauf zuweilen zufrieren – ich hab's noch nicht erlebt –, jetzt jedenfalls kann es noch nicht sein, da keine starken Fröste eingefallen sind. Ich denke also, daß ich, wenn ich erst auf der Brücke bin, ihn hören werde, wenn ich schon nicht viel sehen kann. Aber, seltsam genug, zu hören ist nichts, dagegen liegt an seiner Stelle ein nachtschwarzer, mächtiger Baumstamm oder Balken. Auf der Brücke verhaltend, sehe ich verwundert im ausweichenden Nebel, daß niemand anders als der Bach selbst sich so verwandelt hat.

Frühgealterte Weiden stehen hier an seinen Rändern, ich suche sie, um meiner Sache sicher zu sein, und finde sie auch, freilich mit Vorsicht und Mühe.

Bis hierher hat mir der Nebel das Gefühl der Behaglichkeit und Geborgenheit gegeben, hier schauert mich plötzlich. Das lebendige Wässerlein, auf das ich mich gefreut habe, liegt in unheimlicher, verkohlter Totenstarre vor mir.

Der Nebel schlägt sein Tuch wieder über den finstern Stamm, und ich nehme langsam und unfroh den Weg weiter unter meine Füße. Da bewegt sich ein Gespenst von den Weiden her auf die Straße zu, lautlos. Ich bleibe stehen und warte. Eines Mannes Stimme wird hörbar: „s'Good" – „s'Good", grüße ich erleichtert wider; der Mann, ohne sich aufzuhalten, sagt: „Geh'n ma weiter." Die tiefe, rostige Stimme erkenne ich, sie gehört dem Schmied, der im Talgrund jenseits der Paßhöhe, auf die der Weg jetzt hinaufführt, seine Werkstatt hat, dicht an der Straße. Ich bin schon manchmal mit ihm zusammengesessen, in dem kleinen Wirtshaus oben auf der Wasserscheide, er kennt also auch mich; und so erwarte ich, daß er mich, wie es des Landes Brauch ist, fragt, woher ich komme und wohin ich gehe, und auf diese Weise ein Gespräch in Gang bringt. Aber schweigend marschiert er neben mir, in lautlosem Gleichschritt. Ohne Mantel, im Arbeitsgewand, soviel ich sehen kann, ohne jegliches Gepäck und ohne Stock. Nach einer Weile, als die Beklommenheit von mir gewichen ist und ich mich an seine Erscheinung gewöhnt habe, frage nunmehr ich ihn, wo in aller Welt er denn gewesen sei. Es ist klar, daß er die Frage erwartet und sich die Antwort schon überlegt hat. Sie ist seltsam genug und zeigt, daß ihm nichts daran liegt, wie sie gedeutet wird; vielleicht auch hat er seine Gedanken nicht genug beisammen, um eine bessere zu geben. Jedenfalls sagt er vor sich hin, er habe „noch ein wenig herumgeschaut".

Um diese Jahreszeit, bei sinkender Nacht, in bösartigem, schwarzem Nebel, bei den Weiden am Bach, wo weitum keine Behausung steht, da hat es aber wahrhaftig keinen Sinn herumzuschauen – wieder beschleicht mich ein Unbehagen, das mir jetzt nur die rostige Stimme wieder nehmen kann.

Indessen, ich weiß nichts mehr zu sagen, und so ziehen wir selbander die Höhe hinan. Angestrengt besinne ich mich auf ein Gespräch, das ich dem Schmied anbieten könnte, aber was immer mir einfällt, es taugt nichts. Er selbst schweigt. Der Nebel wird etwas lichter, je höher wir kommen, die Kälte hingegen nimmt zu. Mein Begleiter, offenbar unberührt von dem Frost, gegen den er doch nicht geschützt ist, setzt in unbewegter Haltung gleichmäßig Schritt vor Schritt. Das spüre ich mehr, als ich es sehe; zu hören ist nichts, er scheint zu schweben. Des Eindrucks des Gespenstischen kann ich mich kaum erwehren. So wenig wie der Vorstellung der seltsamen Dinge, die um den Schmied herum sich begeben haben, und die jetzt immer aufdringlicher wird und mir der Kälte und dem Nebel zum Trotz heiß macht. Als ich ihn vor etwa fünf Jahren – er mag damals gerade den Fünfziger erreicht haben – zum ersten Male in einem Wirtshaus sah, zeigte seine hagere Gestalt schon die Spuren schwerer körperlicher Arbeit: leicht gebeugte Haltung, werkzeugartige, schwielige Hände, müde Bewegungen. Bei der Unterhaltung war er zurückhaltend, auffallen mußte die Behutsamkeit seines Blicks, die grauen Augen in tiefen Höhlen über vorgewölbten Backenknochen kamen nie zur Ruhe, sie wichen immer aus.

Der Schmied, Nepomuk Dirian mit Namen, war an der Grenze aufgewachsen, aber noch viele Wegstunden weiter oben im Waldgebirge. In jungen Jahren hatte er die Wittib des Schmiedes im Tobel geheiratet und das Geschäft übernommen, das bei einigem Fleiß, an dem er es nicht fehlen ließ, seinen Mann nährte. Sein Weib gebar ihm zwei Kinder, ein Mädchen, das im ersten Lebensjahr starb, und einen Buben, der bei ihm das Handwerk lernte. Vor vier Jahren Witwer geworden, nahm er eine junge Magd, eine Böhmin, ins Haus, die ihm und seinem herangewachsenen Sohn das Hauswesen besorgte. Das war weder auffallend noch weiter aufregend. Nochmals zu heiraten, mutete ihm niemand zu, weil der junge Schmied schon bald daran denken konnte, zu heiraten und dann das Geschäft zu übernehmen – und der war so geartet, daß er sich durch eine Stiefmutter ganz gewiß nicht schmälern oder gar vertreiben ließ. Das wußte jedermann weitum, auch allen Frauenzimmern war das bekannt.

Der junge Dirian genoß übrigens keines sehr guten Rufes. Er galt als jähzornig und hatte sich wiederholt als entschlossener und bärenstarker Raufer bewährt. Da aber alle jungen Burschen rauflustig waren und Wehrhaftigkeit in einer Gegend, die weitab lag vom Verkehr, dünn besiedelt war und die Menschen zu rauher Lebensweise zwang, durchaus geachtet war, hätte das ihm eigentlich Wertschätzung einbringen müssen. Wenn es nicht der Fall war, wenn im Gegenteil niemand mit ihm zu tun haben wollte, mußte das seinen besonderen Grund haben. Darüber konnte man aber nichts erfahren. Die Leute sprachen nicht darüber und sind doch sonst nie gesprächiger, als wenn sie einen Menschen verdächtigen oder ihm Übles nachsagen können.

Nicht daß die beiden Dirian gemieden worden wären. Sie gingen, wie andere auch, zu den üblichen Zeiten ins Wirtshaus, wurden vom Wirt begrüßt, nahmen an den sparsamen Gesprächen der Nüchternen teil und zuweilen, wenn sie betrunken waren, an dem Lärm und Geschrei und Gestreite der vom dunklen Bier und hellen Schnaps Berauschten, sonntags gingen sie zur Kirche und ruhten sich während des Gottesdienstes auf ihren angestammten Plätzen in der Kirchenbank aus. Wer aus der Umgebung beim Schmied etwas arbeiten lassen mußte, kam zur Schmiede im Tobel, kurz, es war eigentlich alles in Ordnung – und war es doch nicht, und zwar in einem Maße, daß selbst ich Ausheimischer es spüren mußte, als ich zum ersten Male mit dem Vater Dirian zusammentraf.

Ich war damals nach einem gesegneten Tagesmarsch in der Herberge auf der Paßhöhe zugekehrt, mit einem Beutel voll herrlicher Pilze, die ich unterwegs gesammelt hatte und die mir die Wirtin auf den Abend zubereitete, – und saß mit einigen Holzknechten am Ofentisch, als der Schmied hereinkam und sich zu uns setzte, auf die übliche kurze und knurrende Art grüßend und wieder begrüßt.

Die Wirkung, die der neue Gast hervorbrachte, war verblüffend. Bis zum Erscheinen des Dirian hatten sich die Holzknechte mit soviel Temperament, als ständiges Leben und Arbeiten in Wäldern gedeihen läßt, über Dinge unterhalten, über die junge Männer auf der ganzen bewohnten Erde unter sich zu reden pflegen: über die weiblichen Wesen und ihre Bedeutung in der Welt im allgemeinen und in jener Gegend im besonderen. Dabei wurde der Grenzverkehr eingehend erörtert, zusamt der überraschenden Freundlichkeit und zugänglichen Sauberkeit der Dirndeln des böhmischen Landes und der seltenen Dummheit und Bosheit und Feigheit der dazu gehörigen – im übrigen auch körperlich mißratenen – männlichen Jugend; das wurde an Beispielen aus der jüngsten Vergangenheit erläutert, und dabei ergaben sich offenbar unvermeidbare Zusammenhänge mit dem Handelsverkehr von Salz, Tabak, Textilien und Vieh, der hinwiederum genaue Kenntnis der Wetterverhältnisse, der Mondphasen und der Diensteinteilung bei der Grenzgendarmerie erfordert.

Die Unterhaltung war keineswegs ein Redestrom, nicht einmal ein Bach, sie tropfte vielmehr von den schnauzbartbedeckten Mündern in besinnlichen Abständen. Sie enthielt viele persönliche Anzüglichkeiten, die ich nicht bemerkt hätte, wenn sie nicht von denen, die gerade nicht betroffen waren, jedesmal quittiert worden wären, sei es, indem sie den auf der Tischplatte aufliegenden Ellenbogen in der Richtung nach dem Gemeinten ein wenig verschoben oder mit Kopf und Schulter halbwegs hindeuteten oder seinen Vornamen vor sich hinsprachen und was dergleichen Heftigkeiten mehr sind. Das geschah alles mit gutmütiger, aber doch nicht ganz ungefährlicher Lustigkeit; denn sobald eine Bemerkung unmittelbar den Nerv anbohrte, war die körperliche Fortsetzung der Unterhaltung fällig; indessen bedeutete diese Gefahr gerade die Würze des Gesprächs.

Als der Schmied in die Stube trat, stockte die Unterhaltung

völlig, dann fingen alle beinahe gleichzeitig zu reden an, Dirian eingeschlossen, über Gott und die Welt, mit einem unruhigen und ganz unverständlichen Eifer. Voll Verwunderung fragte ich diesem seltsamen Wesen nach, als der Schmied wieder gegangen war. Aber da kam nichts zum Vorschein, nur seinen Namen, seine Hantierung, den Standort seiner Behausung und ein weniges über seine Herkunft und seinen Hausstand erfuhr ich; die Wirkung seiner Anwesenheit blieb ungeklärt, ich hätte sie vor mir selber – wie die Holzknechte – abgestritten, wenn sie mir nicht einen so unmittelbaren Eindruck gemacht hätte.

Damals verlor ich den Schmied halb wieder aus den Gedanken, ich wanderte ja umher, jeder Tag war neuen Lebens voll.

Zwei Jahre danach, im Mai, hörte ich ein paar Tagemärsche von hier, oben im Wald, des öfteren von dem Schmied reden. Wenn ich alles, was da und dort erzählt wurde, zusammenfaßte, ergab sich, daß der junge Dirian an einem Sonntagmorgen ausgangs Februar erschossen in seiner Schlafkammer aufgefunden worden war. In der Nacht vorher hatte er eine Tanzmusik in einer Wirtschaft über der Grenze besucht, in den ersten Morgenstunden war er nach Hause aufgebrochen, niemand hatte etwas Auffallendes an ihm bemerkt. Wann er daheim eingetroffen war, wann er seinen letzten Atemzug getan hatte – über all das war, wie die Leute zu ihrem Leidwesen sagen mußten, nichts zu erfahren gewesen, denn der Vater hatte geschwiegen, und aus der böhmischen Köchin war kein Wort herauszubringen gewesen.

Jedermann erschien es merkwürdig, daß der junge Dirian kirchlich beerdigt worden war, was Selbstmördern nicht zukommt, es sei denn, daß sie in geistiger Verwirrung gehandelt haben, wovon aber doch hier keine Rede sein konnte. Aufgefallen war auch, daß die Beerdigung zu ganz ungewohnt früher Tagesstunde stattgefunden hatte und daß sie nicht angesagt worden war, so daß niemand dem armen Burschen das Geleite hatte geben können. Es wäre im übrigen sehr aufschlußreich gewesen, den Vater und seine Haushälterin bei der Beerdigung zu beobachten, aus ihrem Verhalten hätten erfahrene Menschenkenner sichere Schlüsse ziehen können.

Nun, denken konnte man sich ja, was man mochte, die Umstände ließen für den, der Zusammenhänge zu sehen vermag, wenig Zweifel übrig. Die Menschen erkannten jetzt mit einem Mal ganz klar, daß der Schmied schon immer ein finsterer Mensch gewesen war, brutal seinem ganzen Aussehen nach, sie erinnerten sich an den leidenden Zug im blassen, schmalen Gesicht seiner Frau. Was hatte die wohl zu ertragen gehabt, niedergehalten und zum Schweigen verurteilt von der Furcht vor dem unheimlichen Wesen ihres Mannes.

Die Rolle, die die böhmische Köchin bei der schrecklichen Geschichte spielte, wurde von niemandem verkannt. Das bis in den Grund verderbte Luder hat zuerst den Alten verrückt gemacht und dann den Jungen. Der Alte war jetzt nur mehr der Zahler, der Junge der Liebhaber, und das mußte zu einem Unglück führen. Als der Junge von der Tanzmusik heimgekommen ist, hat er natürlich die Kammer der Haushälterin aufgesucht, der Alte ist dazugekommen, und das Weitere kann man sich denken – gesehen hat's niemand außer dem böhmischen Weibsbild, und das wird sich hüten, etwas zu verraten. Der Tote ist für immer stumm. Nun, die Sonne wird alles an den Tag bringen.

Da ist übrigens noch eine Geschichte, die nie geklärt worden ist. Vor fünf Jahren, zu Pfingsten, ist der Höllbauermichel, der Pächter der Jagd im Gemeindewald, erschossen in einem Dickicht, oben im Riegelholz, aufgefunden worden. Unbezweifelbar hat ein Wilderer die Tat begangen; welcher, ist nie aufgekommen. Nun kennt man alle freien Jäger herüben und drüben genau, keinem von ihnen ist der Schuß zuzutrauen. Mit dem Michl hatte keiner von ihnen etwas gehabt, es muß also schon ein unbekannter Gelegenheitsschütze an den Michl hingerumpelt sein – vom Schmied ist schon damals in diesem Zusammenhang geredet worden. Freilich, man weiß nichts; aber jetzt muß einem natürlich die Sache wieder einfallen. Nun, die Sonne wird alles an den Tag bringen, Blut schreit nach Rache.

Das alles höre ich wieder reden, ich sehe die Wirtsstube, sehe die Leute, die sich an dem Gespräch beteiligt haben, ich überdenke die Dinge, während ich mit dem stummen Schmied die Paßstraße hinanmarschiere; und schließlich mit einem Mal packt mich ein Schauder und schüttelt mich: der Mann im Nebel neben mir wird von seinem Gewissen gejagt, denn er hat seinen Sohn ermordet.

Wie komme ich von ihm los? Ich bleibe stehen, als ob ich verschnaufen will, auch er hält an und wartet. Ich versuche, schneller zu werden – die Beine tun's nicht, ich habe Mühe, überhaupt den Schritt zu halten. Wenn wir nur erst auf der Höhe sind, das kann nicht mehr lange dauern; aber der Nebel hat nicht nur die Landschaft, er hat auch die Zeit verschluckt. Nun treibt wieder der Wind daher, er schwingt sich den Boden entlang, faßt die Nebelwolken von unten und knattert sie lautlos hin und her wie ein Fähnrich seine Fahne. Die Füße spüren die feste Straßendecke, die Beine halten in eigener Verantwortung die Richtung, die Augen könnten es nicht, sie sind blind; und was sonst im Körper den Weg angibt, ist stumm und starr. Mit eiskalten Händen lüpfe ich meinen Hut und wische mir den Schweiß von der Stirne, der Rucksack hockt wie eine Trud mit Reitschluß auf meinem Rücken – da höre ich eine rostige Stimme; von weither kommt sie: „Pfüat di" – und der Schmied verschwindet seitwärts im Nebelgrund. Ohne daß ich es will, bleibe ich stehen und rufe ihm nach – „Pfüat di – gehst du denn noch nicht heim?" Die rostige Stimme, die jetzt näher klingt als vorher, antwortet aus dem Nichts: „Heim? Nein – daß einen immer jeder finden kann – nein."

Ich setze mich wieder in Bewegung; nach einigen Minuten blinzeln mir erleuchtete Fenster entgegen, die Höhe ist erreicht, und es wäre schön, jetzt am Ofen der kleinen Wirtsstube sich aufzuwärmen. Indessen marschieren meine Beine weiter, sie nehmen keine Notiz von der Paßherberge, sie haben das Bedürfnis, aus der Nähe des Unheimlichen wegzukommen. Nach einer Viertelstunde passiere ich die Schmiede im Tobel – ein schwarzer Klotz in der Nebelfinsternis –, dann geht's wieder aufwärts, lange Zeit; und unvermerkt lichtet sich die Nebeldecke, die dunklen Schleier taumeln rücklings in Abgründe, das Firmament spannt sich aus über mir mit der Unendlichkeit der Sternenwelt, der Mond, beinahe voll, wandert nun mit auf meinem Weg; endlich erreiche ich mein Marschziel, ein Wirtshaus oben im Grenzwald. Ich bin erwartet worden; eine warme Stube, Abendessen und gemütliche Freundlichkeit empfangen mich.

Bei der Pfeife erwähne ich so nebenbei den Schmied Dirian. Die Wirtin, die allein noch bei mir sitzt, schüttelt den Kopf, zieht ihr Strickzeug in die Höhe, läßt dann die Hände, auf die sie niederblickt, einen Augenblick in den Schoß sinken und sagt nach einer Pause: „O mei, ist das ein Kreuz mit dem Schmied." Und das ist die Aufforderung an mich, nicht weiter zu fragen, weil sie, die Wirtin, gerade darüber nicht reden will. Gottseidank, Neugierde nämlich plagt mich heute nicht mehr, ich habe nur aus einer Art Pflichtgefühl heraus die Frage angeschnitten, und die Müdigkeit hat meine Phantasie schon überwältigt – der Schlaf, unser aller treuester Tröster und Freund, hat sich schon zu mir an den Ofen gesetzt.

In der Einsamkeit der winterlichen Wälder, die ich in den nächsten Tagen durchwandere, erscheint immer wieder der Schmied Dirian in meinen Gedanken, wie er aus dem Nebel auftaucht und im Nebel verschwindet, ein gejagtes Nebelgespinst selber, gejagt von der Schuld, dem Mord an seinem Sohn. Alles fügt sich lückenlos ineinander, was ich von ihm gesehen und über ihn gehört habe, so daß für einen Zweifel kaum Raum bleibt: er ist der Mörder.

Und doch war er es nicht. Nicht vor seinem Gewissen, sondern vor der Meute der bösen Zungen war er unstet und flüchtig geworden. Viele Jahre später habe ich das erfahren, von dem Richter, der damals als Vorstand über das entlegene Waldgericht regiert hatte, und durch einen der Zufälle, die so oft im Leben lose hängende Fäden, die zusammengehören, zusammenknüpfen, man darf es nur nicht eilig haben.

Der junge Dirian hatte Selbstmord begangen. Das wurde einwandfrei festgestellt durch den Befund der äußeren Umstände der Tat und durch die Obduktion der Leiche, die ein vorgeschrittenes Gehirnleiden ergab. Deshalb erfolgte auch das kirchliche Begräbnis, für das eine ungewöhnlich frühe Stunde angesetzt wurde, um keine Gelegenheit zu Kundgebungen zu schaffen. Solche waren zu befürchten, weil die Öffentlichkeit oder die Menge oder die Leute – oder wie immer man die Zusammenfassung der in Betracht kommenden Menschen benennen will – nach dem Bekanntwerden vom Tode des jungen Dirian augenblicklich entschlossen war, den Vater und die böhmische Köchin für seine Mörder zu halten. Und nichts konnte sie mehr von dieser Meinung abbringen, jede Aufklärung war vergeblich. Die mißtrauische Scheu, die gegenüber dem Schmied schon lange bestanden hatte und für die ein vernünftiger Grund nicht aufzufinden war – wie dergleichen bei Mensch und Tier oft genug seine Wurzeln in unzugänglichen Abgründen hat –, war zu lüsternem Haß geworden, der den alten Dirian und seine Magd in ruheloser Jagd verfolgte.

Eines Tages war die Böhmin aus der Gegend verschwunden, sie war wohl in ihre Heimat zurückgekehrt. Der Schmied, allmählich ganz hintersinnig geworden, hat dann die Schmiede um ein Billiges verkauft, um, wie er angab, zu einer Base in die Schweiz zu ziehen. In Wirklichkeit ist er nach Schlesien ausgewandert, wo er in einem Bergwerk Arbeit gefunden hat.

In der Schmiede aber im Tobel spukt jetzt nächtens der Geist des jungen Dirian, die Leute lassen ihn nicht zur Ruhe kommen.

DER KLEINE STALL

Seit hundertsechsundneunzig Jahren bietet der Hof unverändert sein breites, freundliches Angesicht der aufgehenden Sonne entgegen. Das bedeutet natürlich für die Sonne nicht das geringste, sie wird den kleinen Hof überhaupt noch nicht bemerkt haben, aber für den Hof stellt das eine ansehnliche Zeit dar. Die Balken, aus denen er gefügt ist, sind unter Hitze, Regen und Winden, Schneestürmen und Frösten dunkel geworden und rissig, da und dort haben sich Wespen eingenistet, der Holzwurm nagt an ihnen – aber sie sind unerschöpft und eisenhart. Die Fenster, klein und schmal, mit dem Ausdruck pfiffiger, vergnügter Augen in einem verwitterten, alten Bauernkopf, spähen sommers und winters nach der Sonne aus, kein Strahl entgeht ihnen. Wann immer das erste Licht über den Wäldern der Berge den Tag verkündet, sie sind wach und bereit und funkeln vor Freude.

Der Hof steht am östlichen Ausläufer einer schmalen Geländerippe, die sich in der Ausdehnung einer halben Wegstunde von Abend nach Morgen erstreckt in leichtem Bogen, nördlich vorgelagert einem Gebirgszug, von dem sie nur durch einen tiefen, engen Taleinschnitt getrennt ist. Auch nach der andern Seite fällt sie steil ab. Wenige Höfe haben sich auf ihr angesiedelt; es ist nicht viel Platz vorhanden, die Bewirtschaftung macht Mühe und nicht weniger die Erhaltung der Gebäude, auf die Wind und Wetter herfallen mit voller Kraft. Im ersten Frühjahr jagt der Südwind mit wilder Wucht über die Berge, der rauft die Dächer ab Jahr für Jahr; wehe dem Bauern, der darauf nicht vorbereitet ist.

Als der Hof im Jahre 1751 gebaut wurde, zinste er dem Kloster Tegernsee. Die Zeiten waren ungut dazumal – selten ändert sich das –, Land und Leute litten unter den Wirkungen langer Kriege, in denen landesfürstliche Erbansprüche ausgetragen worden waren, leider ohne den erstrebten Erfolg. Aber was bleibt dem Menschen übrig, wenn ihm die blinden Kräfte, die er als Schicksal zu bezeichnen sich angewöhnt hat, das Seine zerschlagen haben? Er muß, wenn anders er leben will, von vorne anfangen, als ob nichts geschehen wäre, und als ob nunmehr vom Schicksal ein für allemal nichts mehr zu befürchten wäre.

So hat denn auch der Bauer da heroben seine Wohnstätte aufgebaut, unverdrossen, und hat den Vertrag mit dem Boden, mit Wiese und Wald erneuert, und diese Vertragspartner wenigstens haben die Treue gehalten, ihm und seinen Nachkommen auf dem Hof.

Den Stall hat er für sieben bis acht Tiere eingerichtet – und genau so viel finden auch heute noch ihre Nahrung auf dem Anwesen. Und auf gleiche Weise wie ehedem. Die Wiesen liefern das Rauhfutter, von dem die Rinder winters sich nähren, und gewähren den sommerlichen Weidegang, wobei unter Sommer die Zeit des Weideganges zu verstehen ist, ohne Rücksicht auf den Kalender.

Heuer konnten wir uns eines langen Sommers erfreuen, aber nun geht er langsam zu Ende. Seine Tage, milde noch und hell, werden ruckweise kürzer, ihre Wärme beziehen sie schon aus dem Gnadenfond der Sonne. Die Farbe hat ihre Herrschaft angetreten auf der Erde, in der Luft und am Firmament, eine Herrschaft, die niemand und nichts ausnützen und unterjochen will, deren milde Macht sich darin erschöpft, zu bezaubern und zu beglücken. Gute Zeit auch für die Rinder des kleinen Hofes, die noch immer ihre Nahrung finden in Gottes freier Natur, herumwandelnd, genießerische Peripatetiker, froh und frisch in der Entfaltung ihres Wesens, mit runden, festen Körpern und glänzendem Fell.

Sie sind nicht sehr weit in der Welt herumgekommen, höchstens von einem Stall in den andern, ganz in der Nähe. Sie konnten also ihren Blick nicht erweitern und keine Erfahrungen darüber sammeln, wie ihre über die ganze Erde verstreuten Artgenossen ihre Tage verbringen und ihr Leben einrichten. Indessen entbehren sie dadurch nicht viel. Erfahrungen nutzbringend zu verwerten, stellt für alle Lebewesen eine ungeheuer schwierige, beinahe unerreichbare Leistung dar. In der Regel beschränkt sich das Ergebnis vergleichender Betrachtungen zwischen fremden Erscheinungen und eigenem Los auf den Wunsch, die Rosinen aus dem andern Kuchen in den eigenen Teig zu backen, und dabei kommt nichts heraus.

Die Schwammerl allerdings, mit ihrem etwas unruhigen Blut, würde vielleicht heute noch – sie hat vor sieben Wochen ihr fünftes Kalb geboren – vergnügt auf Wanderschaft gehen. Sie ist eine weißbraungefleckte, schlanke, kräftige Kuh, mit schmalem, länglichem Kopf und unternehmungslustigen, kokett geschweiften Hörnern. So selten ihr auch Gelegenheit geboten ist auszuschreiten – zumeist nur, wenn sie sich mit ihrer Melkerin zum Stier auf einen Nachbarhof begibt –, so marschiert sie doch, als ob sie auf Marschleistung gezüchtet wäre. Sie hat einen zügigen Schritt, unverkennbar macht es ihr Freude, sich einmal richtig vorwärts bewegen zu können, ohne durch Stangen, Staketen und Stacheldraht aufgehalten zu sein. Das nämlich begegnet ihr immerzu, wenn sie auf der Weide ist. Und das stört sie, und dagegen geht sie mit seltenem Geschick und unermüdlicher Ausdauer an.

Die Weide ist in gezäunte Koppeln abgeteilt, aus guten Gründen und zum Nutzen der Kühe, die das aber nicht gelten lassen und lieber einen großen Fleck schweifend, da und dort mit Behagen mehr naschend als fressend, abgrasen wollen als sich in einem kleinen Bezirk gründlich zu sättigen. Sie beachten nicht, daß sie beim Herumziehen auf einem ausgedehnten Weidegrund einen großen Teil ihrer Nahrung, ehe er genutzt ist, zertreten und sich damit schädigen. Sie haben keinen Sinn für das Planmäßige, glauben, ihre Weidegründe seien unbegrenzt, wissen nichts davon, wie viele Kühe sich von dem Ertrag einer Wiese ernähren müssen, kurz: sie neigen dazu, in den Tag hinein zu leben, und deshalb werden sie durch Zäune, Stacheldrahtzäune zumeist, zu dem Verhalten gezwungen, das allein ihnen wahrhaft nützt.

Die Koppeln, wie immer sie eingezäunt sind, müssen einen beweglichen Eingang haben, sei es ein Gatter mit Fallriegel, seien es eingezogene Stangen oder an Prügeln befestigte Stacheldrahtverschlüsse. Gegen sie setzt die Schwammerl ihre ganze geistige und körperliche Kraft ein. Sie probiert mit den Hörnern auf mannigfachste Weise an den Gattern herum, versucht, sie aus den Angeln zu heben, rüttelt an den Fallriegeln, und Mißerfolge entmutigen sie nicht. Erst wenn sie sich gründlich überzeugt hat, daß das Gatter hält, läßt sie davon ab, dann aber auch für immer. Es sei denn, der Fallriegel ist einmal nicht eingeschnappt, das entdeckt sie sofort mit Sicherheit, mühelos öffnet sie das Gatter und entschwindet aus ihrer Koppel. Mit den Stangen spielt sie, hebt sie mit den Hörnern auf, so gut es gehen will, und verschiebt sie, bis sie zu Boden fallen. Gelingt das nicht, weil die listigen Menschen allzu lange Stangen verwenden und sie womöglich noch festbinden, dann geht sie zu grober Gewalt über. Sie stößt mit ihrem harten Schädel wuchtig dagegen oder drückt ihre zehn Zentner breitseits daran. Hat auch das keinen Erfolg, läßt sie's gut sein. Mit Stacheldraht setzt sie sich grundsätzlich nicht auseinander.

Wenn sie auf die Koppel kommt, beginnt sie allsogleich wie ihre Schwestern zu grasen. Aber kaum ist der Mensch, der sie hingebracht hat, außer Sicht, was sie feststellen kann ohne hinzuschauen, hört sie auf zu fressen und wendet sich dem Werk der Befreiung zu. Dabei achtet sie nicht etwa darauf, ob nebenan saftigeres Futter ihrer wartet – sie will aus der Einsperrung heraus, weiter nichts. Ist ihr der Ausbruch gelungen, zieht sie schweifend herum, frißt da und dort, und es dauert nicht lange, ziehen ihr die andern Kühe nach – wer vermöchte einem ins Freie offenen Tor zu widerstehen? Es ist klar, daß diese Gewohnheit, sich gegen die Koppel zu wehren, den Menschen mißfällt. Die Schwammerl weiß das auch und trägt dem Rechnung, indem sie ihre Künste nur anwendet, wenn sie sich vor Menschen sicher glaubt. Spürt sie jemand in der Nähe, weidet sie ruhig und zeigt sich auch bei halbzertrümmerten Stangen völlig unbeteiligt. Sie ist eben, was man ein Luder nennt.

Trotzdem muß man sie gern haben. Denn sie ist nicht nur hübsch und gewandt und klug, sie hat auch treffliche Muttereigenschaften. Das hat sich aufs neue gezeigt, als sie vor einigen Wochen das Kranzei, eine wahre Freude von einem Kuhkälbchen, zur Welt gebracht hat. Unermüdlich säubert sie mit sorgender Zunge, noch zitternd unter den Anstrengungen und Schmerzen der Geburt, das Junge, das auf Stroh neben ihr im Stalle liegt, und murrt schmerzvoll, wenn es ihr weggenommen wird, um im Kälberstand untergebracht zu werden. Geduldig hält sie still, wenn es ungeschickt und rücksichtslos gierig ihr Euter mißhandelt. Tritt man an den Kälberstand heran, wendet sie sich unverzüglich um, soweit die Kette, mit der sie angebunden ist, es gestattet, und grollt im warnenden Baß. Sie hat nicht vergessen, was sie schon wiederholt hat erleben müssen. Eines Tages nämlich treten die Menschen auch wieder an den Kälberstand heran, genau wie jetzt, man merkt ihnen nichts Besonderes an, nehmen aber ihr Kälbchen heraus und bringen es nicht wieder, auch wenn sie tagelang verlangend darnach schreit, und wenn ihr so weh ums Herz ist, daß sie nichts fressen kann. Darum paßt sie jetzt zeitig auf. Diesmal indessen kann sie unbesorgt sein. Das Kranzei bekommt der Metzger nicht, das bleibt am Leben und wird an Schwammerls Seite zur Kuh heranwachsen. Soll es nur ruhig auch ein Luder werden, wenn es nur eine so tüchtige Milchkuh wird wie seine Mutter, deren Wohlgestalt sich durch ein üppiges Euter auszeichnet. Und die Schwammerl liefert nicht nur reichlich

Milch, sie gibt sie auch ohne Hinterhältigkeiten her, so daß die Melkerin sie loben muß.

Im Stall übrigens zeigt sich die Schwammerl nicht als Luder, da benimmt sie sich durchaus ruhig und gesittet und hält besonders gute Kameradschaft. Gegen ihre Nachbarin, die Edelweiß, legt sie sogar eine seltene Zärtlichkeit an den Tag, beschnuppert sie, schmiegt sich an sie, und beleckt ihr Hals und Rist mit eifriger Zunge.

Die Edelweiß läßt sich die Liebkosungen gefallen, kommt ihnen wohl auch entgegen, erwidert sie aber nicht. Sie ist jung, demnächst wird sie ihr drittes Kalb bringen. Nach dem Almabtrieb des vorigen Jahres ist sie aus einer großen Herde fremd in den kleinen Stall gekommen, hat sich aber rasch eingewöhnt. Ihre Milchleistung läßt zu wünschen übrig, steigt indessen ständig an, man kann für die Zukunft Gutes erwarten. So jung sie ist, so zeigt sie doch keine Leichtfertigkeit. Zuweilen, auf der Weide, rührt sich allerdings Übermut in ihr. Sie galoppiert plötzlich, mit hochgestelltem Schweif, die Wiese entlang, auf die andern Kühe zu, bricht mit Eleganz dicht vor ihnen, die unberührt weitergrasen, nach der Seite ab, schlägt Volten und setzt über den Stacheldrahtzaun, mühelos, beschwingt wie ein Reh. Wenn sie sich so überzeugt hat, daß sie in Form ist, kehrt sie wieder zum Grasen zurück. Sie weiß, daß sie jung ist, aber sie macht gegenüber ihren älteren Schwestern keinen Gebrauch davon, sie spielt sich nicht auf. Lichtbraun, schlank, fehlt ihr noch die reife Schönheit der Schwammerl, der sie auch an Größe nachsteht. Das gleicht sie vorerst aus durch die Anmut ihrer Jugend, und eines Tages wird auch sie eine prächtige Kuh sein.

Niemals freilich ein so schweres und gelassenes Tier wie die Schweizerin, eine ganz helle Kuh, mit ausladendem Gehörn und mächtigem Kopf. Als Kalbin schon von außergewöhnlicher Kraft, hatte sie sich früh den Ruf großer Gefährlichkeit erworben. Sie war ausgesprochen rauflustig gegen jedermann, hat den Kampf gesucht, und man mußte sich vor ihr in acht nehmen. Das ist vorüber. Nur einmal noch, vor zwei Jahren, hat sie sich gegen einen überlebensgroßen Ochsen, der ihr auf der Weide zu nahe gekommen war, gestellt und ihn durch ihre tobende Wildheit gleich so erschreckt, daß er ohne Besinnen sich zur Flucht gewandt hat. Sie ist hinter ihm hergerast und mit dem Hinterteil in den Stacheldraht gefahren – wer kann bei solcher Erregung auf alles aufpassen –, die Folge war ein tiefer Riß, der lange Zeit zur Heilung benötigte. Seither ist sie das Bild einer in sich gefestigten, von dem Bewußtsein des eigenen Wertes erfüllten Natur, nichts kann ihr Gleichgewicht erschüttern, nichts sie vom Wege der Pflicht abbringen. Sie bringt regelmäßig ihr Kalb – einmal hat sie sich mit Zwillingen versucht, aber das ist nicht das Richtige –, rechtzeitig nach dem Kalb meldet sie sich zum Stier und nimmt sogleich wieder auf; es ist nicht nötig, sich hiewegen ein zweites Mal zu bemühen, was für viele Kühe so verlockend erscheint. Sie liefert Milch in beträchtlicher Menge und von ansehnlichem Fettgehalt, ist kerngesund und frißt unermüdlich. Im Frühjahr und Herbst, zur gefährlichen Zeit, hält sie Maß auf der Weide, noch niemals hat sie sich überfressen. Sie ist verträglich, willig beim Melken, geduldig als Mutter. Bei ihrem ansehnlichen Gewicht wird sie auch einmal eine ausgezeichnete Schlachtkuh sein, aber daran denkt noch niemand, sie ist erst neun Jahre alt.

Ein Jahr älter als die Lina, aber welch ein Unterschied zwischen den beiden!

Die Lina, braunrot rundum bis auf ein paar weiße Flecken, von gedrungener Gestalt, massivem Körperbau, mit breitem Schädel, stellt das Muster dar einer schweren Prachtkuh. Das war sie auch einmal, ist sie aber nicht mehr. Sie hat die beste Milchleistung aufgewiesen im Stall, bei zuverlässigem Wohlbefinden, bis sie im vorigen Jahr ein totes Kalb geworfen hat – wahrscheinlich ist ihr bei Großträchtigkeit ein unbemerkt gebliebener Unfall zugestoßen. An ihrer Gesundheit hat sich auch seither nichts geändert. Sie nimmt das Futter auf, käut wieder, legt sich, alles, wie es in Ordnung ist. Aber mit der Milch tut sie nicht dergleichen. Geradezu klägliche Mengen davon liefert sie ab. Futterzugaben frißt sie begeistert, Wirkung zeigt sie keine. Auf der Weide grast sie unermüdlich, Milch gibt sie nicht. Im Frühjahr ist sie frohbewegt zum Stier gegangen, der sie keineswegs verschmäht hat, nach drei Wochen hat sie sich zur Wiederholung gemeldet und hat dann aufgenommen.

Es ist also eigentlich alles in bester Ordnung. Sie trägt auch nach wie vor die schwere Glocke um den Hals, als Leitkuh, zu welcher Stellung sie sich seinerzeit auf Grund ihrer Milchleistung aufgeschwungen hatte. Von ihrem beschämenden Versagen nimmt sie keinerlei Notiz. Im Gegenteil, sie trägt alle Anzeichen äußersten Wohlbefindens zur Schau. Ihr Körper rundet sich zusehends, ihr Fell glänzt, sie atmet reines Behagen. Im Futter ist sie wählerisch geworden; sie hat nicht nötig, um jeden Preis sich vollzufressen. Der Erinnerung an ihre frühere Tüchtigkeit und der Hoffnung, daß diese mit dem nächsten Kalb wiederkehrt, verdankt sie es, daß sie noch lebt. Wiederholt hat es sich begeben, daß Metzger und Männer, die Schlachtvieh aufspüren, sich nur mit Gewalt von ihr trennen konnten. Offenbar erkennt sie die Gefahr nicht, in der sie trotz allem immer noch schwebt – versagt sie beim nächsten Kalb, ist sie unrettbar verloren –, denn niemals hat es eine so hochmütige und selbstbewußte Kuh gegeben wie die Lina.

Sie vermeidet mit Sorgfalt jede körperliche Berührung mit den andern Rindern. Geschieht es einmal, daß sie ins Gedränge kommt oder etwa im Stall die Edelweiß, ihre nächste Nachbarin, sie drückt, dann wird sie nicht gewalttätig, was bei ihrer überlegenen Kraft naheläge, sondern weicht mit allen Zeichen des Widerwillens aus. Auf der Weide hält sie sich allein. Wenn die Melkerin die Kühe nach Hause ruft, stellt sie unverzüglich das Grasen ein und macht sich, schwerfälligen Schrittes und feierlich abgemessen läutend, auf den Heimweg, die vorgeschriebene Bahn genau einhaltend. Sie kümmert sich nicht darum, ob die andern Kühe folgen, ohne Aufenthalt marschiert sie dem Stalle zu. Niemals bleibt sie nach der Gewohnheit gewöhnlicher Rinder unterwegs stehen, um da und dort noch zu naschen. Im Stall begibt sie sich an ihren Platz, spielt nicht herum, scherzt nicht, drängelt nicht, sondern wartet unbewegt, daß ihr die Glocke abgenommen und die Kette um den Hals gelegt wird. Kommt Wasser oder Futter in den Barren, bewahrt sie unbedingt Haltung, zeigt sich niemals gierig oder gar futterneidig. Beim Verlassen des Stalles will sie nicht die erste sein, die ins Freie kommt, sie läßt Eiligeren den Vortritt. Auch beim Melken ändert sich ihr überlegener Gleichmut nicht, obzwar sie doch wahrlich allen Grund hätte, bescheiden zu sein, ja sich zu schämen. Ungerührt hält sie still, wenn die Melkerin sich an ihrem kümmerlichen Euter abmüht. Es ist ihr gleichgültig, was ihre Umwelt über sie denkt. Sie lehnt sich nicht gegen eine Lage auf, die sie nicht ändern kann. Das wäre sinnlos. Sie bewegt sich geschickt auf der Linie des geringsten Widerstandes und sichert sich auf diese Weise vor dem Schaden, den aussichtsloser Widerstand mit sich zu bringen pflegt. Und bewahrt sich gleichzeitig vor Berührungen, die ihr zuwider sind.

Das Auge der Kuh ist groß und schön und wohlgestaltet, ausdrucksvoll ist es nicht. Das hat selbst Homer, der es für wert gehalten hat, die Schönheit des Auges einer Göttin an ihm zu messen, dem Auge der Rinder nicht nachgerühmt. Linas Augen, seltsam genug, sind eines Ausdrucks fähig, des Ausdruckes eines völlig unerreichbaren, in sich gefestigten Gleichmutes. Sie fühlt sich als Herrscherin des kleinen Reiches, deshalb meidet sie Vertraulichkeiten, deshalb tritt sie aber auch gegen neue Zugänge mit aller Energie auf, um diesen den gehörigen Respekt beizubringen.

Vor einigen Wochen ist die Rosl neu in den Stall gekommen, eine behäbige Kuh im Alter der Lina, nicht sehr ansehnlich, aber mit guten Zeugnissen über Milchleistung ausgestattet, ausgesprochen gutmütigen Temperaments. Als sie zum ersten Male mit den andern Kühen auf die Weide geht, bringt ihr die Lina deutlich zum Ausdruck, daß sie ihr unangenehm ist, und deren Einfluß ist stark genug, daß auch die Schweizerin und die Schwammerl und die Edelweiß nichts von ihr wissen wollen. Sie wird so behindert beim Grasen, daß sie schließlich allein auf eine andere Koppel gebracht werden muß. Dort geht sie traurig herum und frißt nicht. Sie begreift nicht, warum sie von der Kameradschaft des Weidegangs ausgeschlossen wird, die sie von Jugend auf gewohnt ist. Sie fühlt sich verachtet, das tut ihrem Gemüt weh und nimmt ihr jeglichen Appetit.

Am nächsten Tag bleibt die Melkerin auf der Weide, um Feindseligkeiten gegen die Rosl zu verhindern; die Kühe müssen sich zueinander gewöhnen. Am Anfang geht alles gut; die Melkerin hält sich immer in der Nähe der friedlich grasenden Rosl. Keine der andern Kühe wendet sich heute gegen die Rosl, sie beachten sie gar nicht. Völlig uninteressiert und ruhig zeigt sich die Lina; sie kehrt der Rosl ihr Hinterteil zu und bewegt sich langsam von ihr weg. Da macht die Melkerin ein paar Schritte auf den Ausgang zu, blitzschnell schwingt sich die schwere Lina herum – es ist unbegreiflich, wie sie die Melkerin hat beobachten können – und stürzt mit gesenktem Schädel frontal auf die Rosl zu. Diese aber, nicht im geringsten überrascht, hat im Augenblick die erforderliche Abwehrstellung eingenommen. Mit eingestemmten Hinterbeinen macht sie mit geneigtem Kopf eine leichte Wendung, ein gewaltiger Krach, die Rosl hat den wütenden Stoß eben noch seitlich aufzufangen und abzulenken vermocht – und zwar so geschickt, daß die Lina dabei ihr rechtes Horn eingebüßt hat. Das liegt abgerissen auf der Wiese. Die Lina ist kampfunfähig, schmerzgepeinigt dreht sie sich im Kreis, schwer blutet der Stumpf des abgesprengten Horns, die Melkerin braucht nicht mehr dazwischenzufahren. Die Rosl verharrt noch eine Weile abwehrbereit auf dem Kampfplatz, dann widmet sie sich wieder dem Grasen, als ob nichts geschehen wäre. Sie hat gezeigt, daß sie an Kraft ebenbürtig und an Geschwindigkeit überlegen ist, und weiß, jetzt wird sie niemand mehr angreifen. In der Tat ist die Kameradschaft hergestellt, die Rosl ist nun von den andern Kühen als ihresgleichen aufgenommen.

Die Lina aber hat ihr Ansehen eingebüßt. Zwar gibt sie ihre reservierte Haltung keineswegs auf, aber die höchst schmerzhafte Verletzung nötigt ihr ein Benehmen auf, das sie auf den Durchschnitt herunterzieht. Bei Rindern kann man sich außerdem darauf verlassen, daß sie Niederlagen des Leittieres niemals vergessen. Sie lassen sich durch kein noch so selbstbewußtes Auftreten mehr täuschen! Mit der Herrschaft der Lina ist es also vorbei. Doch ist ihr zu wünschen, daß sie Glück hat mit dem nächsten Kalb und zu ihren früheren Milchleistungen zurückkehrt; es wäre ein Jammer, sie in der Blüte ihrer Jahre schlachten zu müssen. Indessen ist sicher, daß Lina auch darin den Dingen ihren Lauf lassen wird, komme, was immer kommen mag.

Eine Zierde des Stalles und eine wahre Augenweide bedeutet das Kranzei, das sieben Wochen alte Töchterchen der Schwammerl, das eben, nicht ohne Mühe, entwöhnt worden ist. Es ist nun aus dem Kälberverschlag herausgekommen und hat einen Platz im allgemeinen Barren bezogen, neben der bedächtigen Rosl, wo es sich wunderlich genug ausnimmt. Auf festen Beinen sitzt ein kräftiger Körper mit einem zierlichen Kopf; im übrigen ist es dunkler als seine Mutter, die seiner vergessen hat, seit es in der Nahrungsaufnahme selbständig geworden ist. An Munterkeit ist das Kranzei nicht zu übertreffen. Soweit die Raumverhältnisse das gestatten, springt es, hoch und seitwärts und nach hinten. Bei der Mahlzeit macht es nichts als Unfug, und es ist ein Glück, daß die Rosl nichts aus ihrer Ruhe zu bringen vermag. Man muß mit Urteilen über Rinder vorsichtig sein, aber das Kranzei läßt hoffen, daß es sich zu einer tüchtigen und sauberen Kuh auswächst.

Um den überlebensgroßen Ochsen, der noch im Stall steht, kümmern sich alle fünf Kühe nicht. Sie beachten ihn überhaupt nicht. Als er im Frühjahr den Ochsenstand bezog, der über Winter leer gestanden war, erschien er wie der Schatten eines Urweltriesen; verwundert drehten sich die Kühe nach dem Ungetüm hin. Nach kurzer Zeit hatte er aber jedes Interesse verloren. Als es auf die Weide ging, fand er eine so deutliche Ablehnung, daß ihm der ganze Appetit verging. Er trollte mißmutig allein herum und erschien, da die Weide nun einmal eine gesellige Angelegenheit ist, alsbald Einlaß begehrend vor der Stalltüre. Er war mühelos durch den Zaun der Koppel hindurchmarschiert.

Sein Schädel ist von erschreckender Wucht, seine Kraft scheint unbegrenzt. Er kennt indessen die Möglichkeiten nicht, die ihm gegeben sind, was bei Riesen erfahrungsgemäß nicht selten vorkommt. Von Temperament findet sich bei ihm auch nicht die Spur. Selbst nach tagelangem Faulenzen im Stall schläft er im Geschirr beinahe ein. Ihn mit der Peitsche oder einem Stecken anzutreiben, hat keinen Sinn, er bleibt davon völlig unberührt – nur eine hochgehende Flattermine könnte ihm Eindruck machen. In einem einzigen Fall allerdings wird er von selbst lebendig; wenn er eine schwere Last bergan oder über ein Hindernis zu ziehen hat, etwa ein großes Fuder Heu über die steile Auffahrt in die Tenne. Nicht daß er dann etwa Anzeichen von besonderem Kraftaufwand gäbe, er legt sich nicht ins Geschirr und streckt sich nicht – bei gleicher Haltung aber wird er plötzlich flink. Seine Schnelligkeit und Beweglichkeit sind dann wahrhaft erstaunlich, sie verschwinden augenblicklich, wenn das Hindernis genommen ist.

Da er seit Jahren als einspänniger Zugochse arbeitet, weiß

er genau Bescheid, was jeweils zu tun ist, niemand braucht ihn zu belehren. Bei der Heuarbeit obliegt es ihm, beim Aufladen den Heuwagen den ladefertigen Schlag entlang zu ziehen, immer eine kurze Strecke, dann muß er stehenbleiben, damit wieder eine Lage Heu auf den Wagen gebracht werden kann. In diesen Ruhepausen darf er sich am frischen, duftenden Heu gütlich tun. Das geschieht ausgiebig, aber er vergißt seine Arbeit darüber nicht. Nach kurzer Zeit hört er zu fressen auf und zieht das Fuder weiter, auch wenn er nicht – was freilich die Regel ist – dazu aufgefordert wird. Zuweilen marschiert er vorzeitig los, ehe der Auflader mit dem Schlag zu Ende gekommen ist, dann erschrickt die Fasserin auf dem Fuder, und es erhebt sich ein empörtes Geschrei, aber das stört ihn nicht, er gibt nicht nach, er geht weiter. Bei solcher Gelegenheit wird seine Kraft offenbar, gegen die nicht anzukommen ist.

Wenn die Dinge nach der Regel und im Geleise gehen, läßt er sich leicht lenken, Neuerungen und Improvisationen dagegen sind äußerst schwer bei ihm durchzusetzen. Seiner Gutmütigkeit und seiner Zuverlässigkeit im Zug – er läßt nichts stehen, wie die Fachleute sagen – verdankt er es, daß er von den Menschen, für die er arbeitet, mit Wohlwollen behandelt wird, das sogar mit etwas Zärtlichkeit gemischt sein kann. Diese drückt sich auch in seinem Namen aus: er heißt Mandei. Wenn er ihn verstünde, könnte er ihn wehmütig stimmen. Denn von Rechts wegen wäre er kein Männchen, sondern ein riesengroßes Trumm Mannsbild, wie man weitum nicht leicht eines finden könnte, und hätte ein Herrenleben hinter sich. Als Stier wäre ihm jegliche Fronarbeit erspart geblieben, bei vortrefflicher Nahrung und ausgesuchter Pflege hätte er an bevorzugter Stelle im Stall seine Tage in Ruhe hingebracht. Auf die geringste Äußerung von Unbehagen oder Unzufriedenheit wäre sofort jedermann um ihn bemüht gewesen, und im übrigen hätte er nichts anderes zu tun gehabt als mit den Kühen, die man ihm zuführte, Hochzeit zu halten. So wäre es gekommen, wenn man ihn nicht bei wehrloser erster Jugend überfallen, grausam gefesselt und mit ein paar scharfen Schnitten um sein Glück gebracht hätte, aus keinem andern Grund, als weil man gerade ihn für den Zug haben wollte. Nun muß er als Ochse schwer arbeiten von Jugend auf, und von gutem Leben kann keine Rede sein. Auch nicht, trotz seiner außerordentlichen Kraft und Größe, von besonderem Ansehen, am allerwenigsten bei den Kühen. So verbringt das Mandei lustlos seine reifen Mannesjahre, bis ihn einmal der Metzger zur Schlachtbank holt.

Ende Oktober, an einem Dienstag, zeigt die Edelweiß nachmittags an, daß sie kälbern will. Also werden alle Vorbereitungen für die Geburtshilfe getroffen, die Melkerin läßt sie nicht mehr aus den Augen. Bei vorrückender Zeit nimmt ihre Ruhelosigkeit zu, aber die Wehen bringen nichts zum Vorschein. Ein Schweizer aus der Nachbarschaft wird zugezogen, der sie untersucht und feststellt, daß das Kalb sehr tief liegt und sein Kopf nicht zu greifen ist. Und nun beginnen für die Edelweiß sechs martervolle Stunden. Zunächst wird sie in einen andern Stand gebracht. Das Kranzei muß Platz machen – widerwillig nur und mit gewalttätigen Sprüngen sich wehrend, läßt es sich anderweit unterbringen. Die Edelweiß kommt an seine Stelle und hat nun ein geräumiges Schmerzenslager. Unruhig stehen die übrigen Kühe und heben ihre schweren Häupter der Edelweiß zu. Diese legt sich, tief und langgedehnt stöhnend, schwerfällig zu Boden, schlägt mit den Beinen um sich, rafft sich plötzlich wieder in die Höhe, treibt jählings hin und her, wirft den Kopf zur Seite, kurz, gebärdet sich wie nur immer ein hilfloses Tier, das wilden Schmerzen preisgegeben ist.

Im Stall hat sich neben der Bäuerin, der Melkerin und dem nachbarlichen Schweizer noch ein Bauer aus der Nachbarschaft eingefunden. Sie alle bemühen sich, die Edelweiß vom Kalb zu befreien. Das erweist sich als ein schier unmögliches

Beginnen. So tief auch abwechselnd die Männer ihre Arme in den mütterlichen Leib der Kuh tauchen und versuchen, den Kopf des Kalbes zu erreichen und in eine richtige Lage zu bringen – unverrichteter Dinge, kopfschüttelnd und bekümmert müssen sie ihre Tätigkeit immer wieder einstellen. Gegen Mitternacht schickt man um weitere Hilfe aus. Jenseits des Sees unten im Tal haust ein Bauer, weithin bekannt als erfahrener und geschickter Geburtshelfer für Rinder. Nach einer Stunde – es ist eine stürmische, dunkle Nacht – trifft er auf seinem Motorrad ein. Hochgewachsen und breitschultrig, mit schwarzem, krausem Vollbart, sprechenden Augen und dröhnendem Baß, bringt er die Sicherheit mit, daß nun alles richtig geschehen werde, was zur Rettung der Lage überhaupt noch getan werden kann. Nachdem er seinen rechten Arm, der lang ist und dunkel behaart, entblößt, gründlich gereinigt und dann gesalbt hat, versenkt er ihn, seitlich hinter der Edelweiß stehend, seinen Körper an sie angepreßt, bis zur Achsel in das Innere der Kuh. Die Augen hat er geschlossen. Lautlose Stille herrscht im Stall. Nicht nur die Menschen halten den Atem an; auch die Tiere, die alle auf den Beinen sind – sogar das Mandei hat sich umständlich erhoben –, rühren sich nicht; selbst die gepeinigte arme Edelweiß verhält sich ruhig, weil doch ihr Helfer jetzt gekommen ist.

Nicht lange, und der Bauer hat den Kopf des Kalbes aufgespürt. Dieser war durch einen geheimnisvollen Vorgang beim Wachstum im Unterleib rückwärts zu liegen gekommen und schließlich durch die Gewalt der Wehen von den Beinen und dem Körper so abseits gedrückt worden, daß das Kalb für immer zu atmen aufhören mußte, ehe es richtig zu atmen begonnen hatte. Von einem toten Kälbchen also muß die Edelweiß jetzt befreit werden, und das – so unendlich schwierig es ist – gelingt durch die Geschicklichkeit und Kraft des Bauern vom Seeufer nach einer weiteren halben Stunde. Was zum Vorschein kommt, ist ein voll ausgetragenes weibliches

Kalb mit braunem Fell und weißen Flecken dort, wo sie hingehören. Die Edelweiß hatte ihre Sache gut gemacht und alle Erwartungen getreulich erfüllt, ein Jammer, daß dieses Unglück ihr zustoßen mußte. Immerhin, sie hat die Qual und den Ansturm dieser langen Stunden lebend überstanden; nun liegt sie, die Beine weit von sich gestreckt, erschöpft da, mit schlagenden Flanken. Einen stärkenden Trunk, den ihr die fürsorgliche Melkerin bereitet hat, läßt sie unbeachtet. Sie wird warm zugedeckt, der Stall leert sich, eine Wache bleibt bei ihr zurück.

Was kaum zu hoffen gewesen war – sie erholt sich, sie ist halt jung und kerngesund. Zwar die ersten Tage sehen trübselig aus. Da ruht sie auf ihrem Strohlager und hat den schmalen, schönen Kopf auf ein weit vorgestrecktes Bein sinken lassen, völlig kraftlos, als ob sie endgültig genug hätte und nach nichts anderem mehr Verlangen trüge als nach der Ruhe für immer. Schwer atmend scheint sie sich zum Sterben zu richten. Aber einen Tag später zeigt sie wieder Lebensmut, erhebt sich, nimmt etwas Futter an, und es wird offensichtlich, daß sie die Krise überwunden hat.

Neben ihr hat das Kranzei wieder seinen Platz eingenommen. Sei es, daß die Edelweiß dem Kranzei ihre so schwer enttäuschte Mütterlichkeit zugewandt oder daß das Kranzei ihren Kummer gespürt hat – jedenfalls entfaltet das Kranzei eine rührende und unermüdliche Zärtlichkeit, der sich die Edelweiß dankbar hingibt. Sie beugt den Kopf und Hals zum kleinen Kranzei, und dieses beleckt ihre Wangen, die Muffel und vor allem die Haare zwischen den Hörnern. Diese Liebkosungen sind wohl das beste Heilmittel für die Edelweiß. Denn von Tag zu Tag wird sie nun frischer, während das Kraushaar um ihr Gehörn unter Kranzeis Behandlung immer lichter und schimmernder wird, just als ob es unter den Händen eines geschickten Damenfriseurs gewesen wäre.

Drei Wochen sind seitdem vergangen und ein sonniger Spätherbstnachmittag gestattet noch einmal einen kurzen

Weidegang. Mit überlegener Bedächtigkeit schreitet die Lina die Bergwiese ab, genäschig nimmt sie da und dort ein Maul voll saftigen Grases vom Rain, schnuppert gegen den Ostwind an, der ihr klarmacht, daß es recht bald zu schneien beginnen wird, und legt sich dann, behaglich wiederkäuend, unter eine Fichte in den Windschatten. Es lohnt die Mühe nicht mehr zu grasen. Sie genießt vor der langen Winterstallzeit zum letztenmal die freie Bewegung und frische Luft. Um das Futter kümmert sie sich nicht. Sie weiß, im Stall bekommt sie genügend Heu, wohl auch Zugaben, und das kurze Gras, das jetzt noch auf den Wiesen zu finden ist, fängt schon an zu gilben und schmeckt ihr nicht mehr.

Die Schweizerin hingegen schätzt das Grünfutter allzusehr, als daß sie wählerisch wäre. Eifrig geht sie auf dem Weidegrund hin und her, grast unermüdlich und frißt sich noch einmal richtig satt. Das ist gut für die Milch, die Schweizerin ist eben eine pflichttreue Kuh.

Die Schwammerl, das Luder, geht ihrem Vergnügen nach. Zwar nimmt auch sie Futter auf, aber recht spielerisch. Immer wieder hebt sie den Kopf und wendet sich den Bergen zu und rudert dabei mit den Ohren. Sie spürt, wie die Lina, den Schnee. Dabei hört sie nicht auf zu marschieren, unaufhörlich ist sie in Bewegung, und ausnahmslos allen Nachbarwiesen stattet sie einen Besuch ab. Ihre Findigkeit in der Überwindung von Einzäunungen ist geradezu abenteuerlich. Sogar in den Grenzwald bricht sie ein, obwohl er durch einen lückenlosen Staketenzaun gegen die Wiese abgeschlossen ist und keinerlei Anreiz für noch so große Naschhaftigkeit bietet. Sie ist und bleibt ein Luder; niemals wird sie einen gesetzten Charakter annehmen.

Die Rosl hat sich der Schweizerin angeschlossen, zu der sie charakterlich auch am meisten paßt. Mit ihr holt sie noch Grünfutter in den Magen, was hineingeht, nichts weiter bekümmert sie.

Am nördlichen Hang der Wiese, wo ein Streifen Moos entlangzieht, befindet sich eine Quelle. Sie ist auf die einfachste Weise gefaßt; ein tiefer gelegener Nachbarhof bezieht von ihr sein Wasser. Zu dieser Quelle nun begibt sich die Schweizerin, dieweil sie durstig geworden ist. Die Schwammerl und die Rosl ziehen mit, aus Kameradschaft, und alle drei versuchen zu saufen. Aber es geht nicht, sie können ihre Mäuler nicht so weit hinunterbringen, daß sie die Quelle erreichen. Unschlüssig stehen sie nebeneinander. Da läßt sich die Schweizerin auf die Knie ihrer Vorderbeine nieder, beugt sich tief hinab, und nun gelingt es; in langen Zügen saugt sie das Wasser ein. Bewundernd schauen ihr die beiden andern zu, ohne ihrem Beispiel zu folgen, vielleicht haben sie nicht soviel Durst wie sie, vielleicht trauen sie sich die gleiche Gewandtheit nicht zu. Nachdem die Schweizerin gesättigt ist, erhebt sie sich, und alle drei ziehen auf die Wiese zurück.

Das Mandei unterdessen zieht gelassenen Schrittes den schweren Düngerwagen über die Weide auf das untere Feld, die Kühe schenken ihm keine Beachtung. Seine Arbeit wird ihnen im nächsten Jahr Nutzen bringen, die gedüngte Wiese liefert besonders saftiges Gras und dichtes, duftiges Heu. So weit denkt indessen das Rindvieh nicht, und wenn es schon daran dächte, würde es die Mühe, die andere aufwenden müssen, nicht achten.

Die Edelweiß darf auf eine halbe Stunde ins Freie. Sie trägt eine Decke um den Leib gegürtet, sie ist eine schonungsbedürftige Kranke und weiß das. Sie bewegt sich langsam, aber leichten Schrittes, die sacht abfallende Bergwiese hinunter, bleibt häufig stehen und schaut sich die Welt an, probiert, weil es sich so gehört, da und dort an einem Büschelchen Gras herum, legt sich eine kurze Weile nieder, und dann ist ihre Zeit um. Geduldig kehrt sie in den Stall zurück, wo das Kranzei auf sie wartet, das seiner ungestümen und törichten Jugend wegen heuer noch nicht auf die Weide darf.

Am frühen Nachmittag, bei blaß scheinender Sonne, erscheinen die vier anderen Kühe vor der Stalltüre. Die Schwammerl ist noch rasch zum Abschied in das abgeerntete Bohnenfeld vor dem Haus eingebrochen und hat die Stangengalerie zerfetzt. Dann halten sie in guter Ordnung Einzug in den Stall, Schwammerl voraus, und beziehen ihre Plätze, die sie auf ein gutes halbes Jahr nicht mehr verlassen werden. Hinter ihnen windet sich eine Nebelherde den Berg herauf und schaut zu den Stallfenstern herein. Wieder nach einiger Zeit trifft nach getanem Tagwerk das Mandei ein.

Alle, die in den Stall gehören, sind nun daheim.

MADELEINE WINKELHOLZERIN
Schicksal eines liebenden Herzens

März 1946. Im Vorlenz ist es die richtige Zeit, zum Winkelholzer auf den Berg zu gehen, mag der Schnee in den toten Winkeln sich noch so hartnäckig zeigen. Im Windschutz der Haselnußstauden lächeln die ersten Schlüsselblumen und Lungenkräutlein, freilich noch blaß auf kurzen Stielen, aber frisch und zuversichtlich. In der feuchten Senke, wo überm Bach der erste Anstieg beginnt, leuchten junge Sumpfdotterblumen wie lauteres Gold, der Specht läßt sich hören vom Waldrand her. Die Leiten entlang weht es von hellblütigen Anemonen, und weiter oben in einem lichten Erlenschlag, abseits vom Steig, warten große Schneeglöckchen auf ihren Verehrer.

Der Hof des Winkelholzer steht frei zuhöchst auf dem schmalen Kamm, langgestreckt wie dieser. Die Tennenauffahrt schaut nach Westen, der Stall schließt sich an mit südlicher Front. Das Wohnhaus breitet seine Brust dem Sonnenaufgang entgegen, nächstens feiert es seinen zweihundertsten Geburtstag.

Winkelholzer heißt der Hof, mit dem Familiennamen des Eigentümers hat das längst nichts mehr zu tun. Seit Generationen ist der Geschlechtsname Winkelholzer aus der Gegend verschwunden; der Hofname hat sich erhalten, wie die Landschaft die gleiche geblieben ist, und das kann tröstlich erscheinen in einer Zeit, die nichts an ihrer Stelle lassen und alles vor sich hertreiben will.

Der Bauer, der jetzt als Winkelholzer den Berghof sein eigen nennt, ist ein Mann bei noch guten Jahren, aber merklich abnehmenden Körperkräften. Schwer setzt er bergan den Schritt und kurz geht der Atem. Seine Augen packen nicht mehr zu, seine Gesichtszüge beteiligen sich nicht mehr am Gespräch und gegen eine Rast mitten am Werktag, die er sich früher nie gegönnt hätte, leistet er keinen Widerstand. Niemand darf sich darüber wundern, denn das Leben ist in guten und schweren Tagen gar gewalttätig mit ihm verfahren. Als er 1918 vom großen Krieg nach Hause kam, mußte er den Hof übernehmen, da der Vater kurz vorher gestorben war. Er war auch gezwungen zu heiraten, die Mutter kränkelte, die Schwestern waren außer Haus. Ehe er sich nach einer geeigneten Bäuerin umsehen konnte, lockte ihn das Schicksal vom eingefahrenen Weg ab und lud ihm eine Last auf, deren Schwere er zunächst nicht empfand, weil er völlig benommen war – und als er wieder zu klaren Sinnen kam, war er sie gewöhnt.

Zum Winkelholzer gehört von alters tief im Gebirg eine einsame Alm. Zwei Hütten stehen dort. Als der junge Bauer im ersten Frühjahr nach seiner Heimkehr die Alm aufsuchte, um nach dem Rechten zu schauen, fand er in einer der Hütten ein junges Weib, das bei kargen Vorräten dort allein hauste. Eine Französin, die ein deutscher Offizier aus einer Etappenstadt mitgenommen hatte, um sie vor der Verantwortung zu retten, die sie wegen ihrer Beziehungen zu ihm zu befürchten hatte. Nach einer Reise, wie man sie damals noch als abenteuerlich empfand, hatte er sie, selbst durch den Dienst in Mitteldeutschland festgehalten, einem Kameraden anvertraut, mit dem Auftrag, sie in einem sicheren Versteck unterzubringen, bis er sie holen könnte. Auf der Flucht ist es schwer, Gefahren richtig abzuschätzen; man mißtraut jedem, meidet das schützende Obdach und fühlt sich sicher nur unterwegs. Bei stetigem Ausweichen fanden die beiden schließlich die Winkelholzalm, dort richtete sich Madeleine ein mit Hilfe des Mannes für einen – wie sie glaubten – kurzen Winter und blieb dann allein. Viele unendlich lange dunkle Nächte, aufregende Schneestürme, bittere Fröste, schwere Kämpfe gegen den Schnee, aber auch manche Tage mit herrlicher Wintersonne hatte sie hinter sich, als der Winkelholzer auf der Alm erschien. Ihre Jugend und Wohlgestalt hatten dem Winter und der Einsamkeit standgehalten, mit den Kräften ihres Herzens freilich war sie am Ende. Sie wußte, daß der Freund nicht mehr kommen konnte, sie zu holen, da er nicht mehr am Leben war. In einer Nacht, als der Sturm um die Hütte heulte und brauste und ihre Sehnsucht voll Verzweiflung nach ihm schrie, erschien sein Bild und nahm Abschied von ihr. In tiefer Lähmung lebte sie dann viele dumpfe Tage hin. Langsam lockerte sich die Starrheit und wich einem ergebenen wunschlosen Warten auf das, was mit ihr geschehen würde.

So kam es, daß sie über den Mann, der unvermutet in ihr Versteck eindrang, nicht erschrak, nicht einmal verwundert war.

Dieser andererseits, im Krieg gegen Seltsamkeiten und Überraschungen gleichgültig geworden und durch die Wanderung in der winterlichen Stille angefüllt mit fröhlicher Ruhe, zeigte keine Betroffenheit, sondern suchte, nicht ohne Erfolg, mit dem dürftigen Sprachschatz, den er aus Frankreich mitgebracht hatte, sich mit Madeleine, die über einige deutsche Redewendungen verfügte, zu verständigen. Indessen bedurften beider Herzen der Worte nicht.

Welch einen langen und bitteren Weg hatte Madeleine zurücklegen müssen von der Auvergne über das von Kriegsleiden geschüttelte Nordfrankreich bis zur Winkelholzalm, wo ihre Bestimmung auf sie wartete! Aber nun war es geschehen. –

Der Winkelholzer, in der Einfalt seines schlichten Gemüts gegen einen so sturzhaften Überfall schicksalhafter Liebe völlig schutzlos, durchlebte die nächste Zeit in der erdenfernen Benommenheit glückseligen Traumes.

Im Sommer hielt er Hochzeit. Die Aufregung, die von den politischen Unruhen her überall im Lande herrschte, nahm die ganze Aufmerksamkeit seiner Umgebung in Anspruch, so daß er von Zwischenfällen verschont blieb, die ihm sonst sicher gewesen wären. Die Ehe gestaltete sich so erfreulich wie nur möglich. Madeleine, beflügelt von Liebe und voll Dankbarkeit über die Heimat, die ihr geschenkt worden war, griff mit heiterer Kraft bei jeglicher Bauernarbeit zu und gewöhnte sich in kurzer Zeit an ihre mannigfaltigen Pflichten. Sie bemächtigte sich auch allmählich des altbayerischen Dialekts und verzauberte ihn durch den Einschlag ihrer Muttersprache zu einer so anmutsvollen und drolligen Redeweise, daß man nicht müde werden konnte, ihr zuzuhören. Ein Versuch, ihren Namen in Leni umzuwandeln, mißlang. Sie selbst wäre wohl damit einverstanden gewesen, auch der Winkelholzer, aber alle Welt fand Freude daran, an Madeleine festzuhalten, und so hatte es denn dabei sein Bewenden.

In rascher Folge schenkte sie ihrem Mann vier Kinder, drei Buben und ein Mädchen, die vergnügt und gesund in ihrer Obhut heranwuchsen.

Da zogen die Kriegswolken herauf. Schon im ersten Jahr mußte der älteste Sohn, ein Knabe noch, einrücken; ehe man sich's versah, war er an der Front. Er war schon gefallen, als im Frühjahr darauf der zweite gerufen wurde – der Einmarsch in Frankreich begann. Das war der Augenblick, daß die Winkelholzerin die Fassung verlor, mit einem Schlag und vollständig. In wilden Ausbrüchen machte sie ihrem Herzen Luft, und nichts nahm sie zurück oder schwächte sie auch nur ab, als sie verhaftet wurde. Sie verschwand übrigens dann, wie durch einen bösen Zauber ausgelöscht, nirgends war etwas über sie zu erfahren.

Inzwischen war der zweite Sohn im Feld geblieben, und der dritte mußte einrücken. Der Winkelholzer hauste nun allein mit der Burgl, seiner fünfzehnjährigen Tochter, ein französischer Kriegsgefangener half ihm bei der Arbeit. Schon bisher schweigsam, verstummte er jetzt völlig. Jeglichem Trostwort wich er aus.

Nach einiger Zeit brachte ihm der Gemeindediener die Nachricht auf den Berg, seine Frau sei bei einem Fluchtversuch erschossen worden. Da er in keiner Weise darauf antwortete, suchte ihn der Pfarrer auf und redete ihm zu, den Trauergottesdienst halten zu lassen; aber er weigerte sich, er wollte die amtliche Bestätigung abwarten. Im übrigen, sagte er, könne man ja das Seelenamt mit dem für den letzten Buben zusammen halten; denn daß auch dieser nicht mehr heimkommen würde, stand für seine Trostlosigkeit fest. Indessen ereignete sich nun nichts mehr, der Winkelholzer leerte den Kelch der Qual des Wartens bis zur Neige.

Dann kam die Zeit, daß die Nächte aufflammten von den Bränden rings im Land, daß die Erde schwankte unter den brüllenden Einschlägen schwerer Bomben und dröhnende Flugzeuge unaufhörlich hinzogen über den Berg. Mit einem Male war es damit zu Ende. Wochen hindurch keuchten nun flüchtende, erschöpfte Soldaten herauf zum schützenden Hof; der Winkelholzer gab ihnen Quartier und fragte keinen nach seinem Buben. Amerikanische Patrouillen erschienen und zogen wieder ab. Die Heuernte begann, sommerlang werkte der Bauer mit dem Franzosen, der ihn nicht verlassen hatte, und der zur Arbeitskraft herangewachsenen Tochter auf den Wiesen und Feldern.

In der Frühe eines Herbstmorgens traf Madeleine ein auf dem Winkelholzerhof, todmüde. Sie war zu schwerer Strafe verurteilt worden, dann geflohen und auf wunderbare Weise dem Tode entronnen. In einem Trupp französischer Arbeiterinnen, die aus der deutschen Dienstverpflichtung nach Frankreich zurückkehren durften, untergetaucht, gelang es ihr, in die Auvergne zu kommen und sich dort versteckt zu halten. Nach Kriegsende war sie sogleich aufgebrochen, hatte den schnurgeraden Weg eingeschlagen zum Winkelholzerhof, wie es die Art ist von Brieftauben, war wochenlang marschiert und auf ungezählten Fahrzeugen kurzer Gast gewesen, und nun stand sie wieder auf ihrem Berg. Von dem Sohn wußte sie nichts und hatte sie auch in Frankreich nichts erfahren.

Kurz vor Weihnachten traf ein spärlicher Brief des Sohnes ein, er sei Kriegsgefangener in Frankreich, man solle sich keine Sorgen machen, an der Gesundheit fehle nichts, aber er halte es nicht mehr aus vor Heimweh.

Seitdem denken und reden die Winkelholzerleute nichts anderes, als wie sie ihren Buben aus der Gefangenschaft heimholen könnten. Der Mann eignet sich schlecht zum Anbringen von Gesuchen, schon gar nicht dazu, in den Scharen jener, deren Herz gleich dem seinen bitter bedrängt ist, Aufmerksamkeit zu erregen. So sucht denn Madeleine unermüdlich jede Behörde und jede ihr erreichbare Militärstelle auf, um mit eindrucksvoller Beredsamkeit ihre Bitte vorzutragen. Nie kommt sie ohne Versprechungen heim, und wenn der Erfolg bis jetzt ausgeblieben ist, so ist sie seiner doch sicher. Unbeirrbar glaubt sie an die Wahrheit jeder Zusicherung, die ihr in den Amtsstuben gegeben wird.

Da sie sich zu kurzer Zwiesprache zum Winkelholzer und mir auf die Hausbank setzt, kann ich sehen, daß ihre Wohlgestalt und ihr Charme nicht verlorengegangen sind, und das bedeutet schon etwas. Denn sie war als Mädchen und junge Frau von ungewöhnlicher Schönheit. Mehr darüber zu sagen, ist im Angesicht der vielen Leiden, in denen sie geprüft worden ist, nicht erlaubt. Der Winkelholzer freilich hat sich noch nicht wieder erholt. Seine Kraft ist so bis an die Wurzel verbraucht worden, daß sie bei seinem Alter nicht wieder ersetzt werden kann.

Eine geruhsame Stunde war das bei den Winkelholzerleuten auf dem Berg. Nun mache ich mich heimwärts. Frühe Abendsonne zaubert jenen Schimmer in die Landschaft, der sich im ganzen Jahr nicht wiederholt, der nur an solchen Frühjahrstagen den offenen Schoß der Erde verklärt und des Menschen Herz erheben läßt. Einen tiefen Atemzug nur dauert das Glück, dann beginnt es milde und unaufhaltsam am fernen Himmel zu verlöschen.

Januar 1947. Das Firmament der stillen Winternacht ist noch vollbeleuchtet, da schiebt sich von Osten her ein schmaler Schein an den Rand der Erde. Unmerklich wächst er in die Höhe und Breite, sachte zieht er die dunkle Decke von der schlafenden Landschaft. Die Spitzen und Kämme der Berge, des hohen Himmels nächste irdische Nachbarn, tauchen auf im ersten Licht. Zärtlich tastend streichen Strahlen über die Wipfel finsterer Fichten und Tannen die Hänge nieder zu den Hügeln. Die flutenden Nebel in den gefurchten Tälern schließen sich an gegen die Höhe als matt grüne Borten. Das ist die Stunde des erbarmungslosen Strahlfrostes, der den erschauernden Bäumen den schweren Prunkornat des Rauhreifs umlegt – wehe den Schwachen. Nun wandelt sich das grüne Band am Nebelsaum in schattiges Blau, sanftes Gold mischt sich darein, Purpur dann, Windstöße künden die Nähe der Sonne an, die jetzt auftritt. Über die Berge schwebt sie hervor, mit der feierlichen Gebärde ewiger Ferne – der Höhe zugewandt, ungnädig den Niederungen.

Der Tag hat seine Herrschaft angetreten. Vom Winkelholzerhof her, der Sonne entgegen, knirscht schweres Baumschlittenzeug – zwei mit Ketten verbundene Schlitten – über die gefrorene Schneedecke der Winterbahn. Die Zugpferde haben den Übergang von der behaglichen Stallwärme in die eisige Morgenkälte noch nicht verwunden, schwerfällig schreiten sie voran. Ihre Köpfe, an deren Geschirr Schellen hell und lustig klingen, nicken einander zu, sich freundlicher Kameradschaft versichernd. Nach kurzer Weile, auf leicht abschüssiger Strecke, kommt der Schlitten in Fahrt. Sein Gewicht bestimmt nun, da die Sperrtatze nicht eingesetzt wird, eigenmächtig die Geschwindigkeit, und zwingt die Gäule zu rascherer Gangart und schließlich zum Traben, nicht ohne daß sie die Zudringlichkeit der Schlittenkufen mit einem unwilligen Sprung beantworten. Die Schellen, die sich den Gäulen aufs engste verbunden fühlen, läuten aufgeregt durcheinander. Als es wieder ebenaus geht, fallen die Pferde in Schritt, in ihren gewohnten raumgreifenden Schritt aus freier Schulter heraus, und marschieren nun munter und zügig fürbaß.

Lux aber, des Hofes zuverlässiger und strenger Wächter – eine sehr geglückte Mischung von Hunderassen, die nach derer Meinung bewährter Kenner schlechthin nichts Gemeinsames aufweisen – hat bis hierher den Gäulen Gesellschaft geleistet, womit er seine Pflicht erfüllt zu haben glaubt. Jedenfalls kehrt er, ohne sich zu verabschieden, mit dicht bereifter Schnauze zum Haus zurück.

Auf dem ersten Schlitten steht der alte Winkelholzer, frei und aufrecht auf breiten Beinen, angetan mit Schneestrümpfen, Lodenkotze und Pelzhaube. Das Leitseil hält er, ohne zu lenken, in der bloßen Hand, seine Hände sind gegen Kälte längst unempfindlich. Hinter ihm hockt in einem dicken Janker aus Schafwolle, von Madeleine an Winterabenden gesponnen, der Peter, sein Bub. Vor einem Vierteljahr, zur Zeit der Kartoffelernte, ist er heimgekommen aus der französischen Kriegsgefangenschaft. Mit unzerstörter Gesundheit zwar, aber blaß und ausgelaugt. Die jungen Jahre, die jeder Mensch zum Aufbau eines richtigen Lebens braucht, die frischen, lustigen, unbeschwerten jungen Jahre sind ausgefallen und nicht mehr einzuholen. Mit siebzehn Jahren, im Januar 1940, mußte er einrücken, und das liegt nun volle sieben Jahre zurück. Diese ganze Zeit hat er zugebracht mit unablässigem Kriegsdienst in Ländern aller Himmelsrichtungen, bis er mit seinem Truppenverband in harte Kriegsgefangenschaft geriet, die ihn nach Monaten bösen Hungers und grausamer Unbilden zu Bergwerksarbeit unter Tag schickte.

Madeleine ist nicht überrascht, als Peter eines Nachmittags bei beginnender Dämmerung in der Stube steht. Seit

Kriegsende hat sie diesen Augenblick immerzu erlebt, er ist ihr zum alltäglichen Ereignis geworden und hat längst eine Gestalt angenommen, für die ihr Wille die Grenze zwischen Vorstellung und Wirklichkeit niedergebrochen hatte. Sie nimmt daher Peters Erscheinen als etwas hin, dem nichts Aufregendes und Ungewohntes anhaftet. Das ändert sich augenblicklich und gewaltig, als sie Peters Stimme vernimmt. Da brechen mit einem Schlag wie durch Zauberwort alle Krusten weg von ihrem Herzen und legen den Quell ihrer Liebe frei, der allsogleich mit einer Mächtigkeit zu strömen beginnt, daß sie seiner nicht Herr zu werden vermag. Hilflos greifen ihre Hände in die Leere, bis sie endlich des geliebten Kindes Haupt finden und umfassen und an die Brust drücken.

Von Stund an hält sie ihren Buben, den sie aufs neue geboren hat, bei sich fest, niemand darf an ihn heran, er gehört ihr allein und ganz. Niemals ist ein Heimkehrer sorgfältiger, umsichtiger und mit mehr zärtlicher Gewalt wieder instand gesetzt worden als dieses Knochengestell von Peter. Im Handumdrehen verschwinden die äußeren Spuren der Gefangenschaft, das Bedürfnis nach Ausruhen wird abgelöst von Langeweile und Tätigkeitsdrang. Madeleine muß erkennen, daß sie in blindem Eifer nicht Maß gehalten und selbst die herrliche Zeit ungehemmter Hingabe an ihr Kind sich verkürzt hat. Ungesättigten Herzens weicht sie dem Vater und der Arbeit für den Hof und fühlt sich, zum erstenmal seit den Sturmnächten in der zugeschneiten Almhütte, mutlos. Ihr inbrünstiges Bemühen, in Peter einen Zusammenhang zu finden mit ihrer eigenen Kinderzeit, hat keinen Erfolg gehabt. Mit Schilderungen des Berglandes der Auvergne und ihres Heimatdorfes, mit Erzählungen ihrer unruhvollen Jugendschicksale, durchsetzt mit französischen Redewendungen, deren Wirkung sie schon früher bei ihren Kindern erprobt hat, mit kleinen Liedern vor allem, die sie ihnen vorgesungen hat, wenn sie bei ihnen gesessen ist in der weihnachtlichen Stube auf der breiten Ofenbank, mit ihrer süßen Stimme, die sich von selbst einschaltet, wenn sie zu singen anhebt und die mit der Sprechstimme wenig Verwandtschaft aufweist, – ihr Singen ist von besonderer Art, der Pirol ruft so im Frühlingswald – hat sie gelockt und keine Antwort gespürt. Sie glaubt, zu kurz sei die Zeit gewesen, um den Zugang zu ihrem Kind zu öffnen, aber sie kann nicht verhindern, daß das Gefühl der Fremde und Vereinsamung, das sie umschleicht seit ihrer Rückkehr bei Kriegsende, sie mit Heftigkeit anfällt. Sie wehrt sich und richtet sich wieder auf, die Kräfte ihres Herzens sind noch unerschöpft.

Heute nun zum erstenmal kommt der Peter – endlich, sagt er – zur richtigen Arbeit. Unterhalb des Hofes, an einer unguten, steilen Leiten, sind vor Weihnachten Fichten eingeschlagen worden zur Ablieferung an das Landratsamt. Sie müssen aufgearbeitet, die Stämme geputzt, die Daxen auf den Hof gebracht werden. Bei der ersten Lichten fahren sie deshalb zum Holzplatz.

Madeleine steht am Küchenfenster und schaut dem Schlittengefährte nach, bis es von der Höhe verschwunden ist. Sie rührt sich auch dann nicht vom Fleck und steht noch immer, als die Burgl kommt, ihre Tochter, und meldet, daß die Frühmilch zum Separieren bereitsteht. Nun begibt sie sich in die Milchkammer, die Burgl kehrt in den Stall zurück.

Zu einem sauberen Frauenwesen voll Kraft und Saft ist sie herangewachsen, die Burgl. In dem dunklen, leicht gekrausten, reichen Haar, in der ebenmäßigen schlanken Gestalt und der eigenwilligen Sicherheit ihrer Bewegungen zeigt sich die Auvergne deutlich eingewoben, nicht minder in der Schmalheit ihres frischen Gesichts. Die flinken Augen, beredter als der sparsame Mund, überlagert jener dem Winkelholzergeschlecht zugehörige Ernst, der Arbeit der lauten Gesellschaft und Zurückhaltung der raschen Vertraulichkeit vorzieht. Am eindringlichsten aber offenbart sich ihr Wesen in den Händen.

Wohlgeformt und schlank, kräftig zugleich, ohne Spuren der ihnen auferlegten körperlichen Arbeit, greifen sie nicht zu, sie ergreifen nicht, sondern umfassen, was immer sie berühren, mit sicherem Zutrauen. Die Burgl melken oder mit Arbeitsgerät, einer Sense etwa oder einem Rechen, hantieren zu sehen, wirkt beruhigend und ausgleichend wie ein gutes Wort. Im Zusammenhang damit mag es stehen, daß sie, wie selten jemand, zuhören kann, wo es ihr die Mühe lohnt. So ferne ihr selbst Redseligkeit liegt, ihrer gesammelten Aufmerksamkeit kann der Gesprächspartner nicht widerstehen. Es ist durchaus zu begreifen, daß der Bordfunker Siebzehnrübel Zeit und Gefahr vergessen hat, als er, im Sommer der Flucht auf den Winkelholzerhof verweht, die amerikanischen Patrouillen gering achtete, um sich eines Heiratsversprechens der Burgl zu versichern. Demnächst soll die Hochzeit stattfinden, der Bräutigam übernimmt im Altmühltal das väterliche Sägewerk. Der Gedanke an den Abschied bedrückt die Burgl nicht allzu sehr. Ihr Platz auf dem Hof neben dem einzigen Bruder ist klargestellt, seit dieser wieder zu Hause ist. Es entspricht der festgefügten Ordnung, daß sie, um etwas zu gelten, ausheiraten muß und mit der Aussteuerung sich endgültig vom Hofe löst. Beide Eltern haben es hierbei übrigens an nichts fehlen lassen. Freilich, Madeleine hat dereinst den Vater verzaubert und sein Wesen gewendet, sie hat auch in den guten Jahren das Leben auf dem ganzen Hof mit ihrer Liebe durchdrungen und die Kinder an die Wärme eines wahrhaft glücklichen Familienlebens gewöhnt. Das hat sich geändert, nach außen kaum sichtbar, für die Burgl aber bitter spürbar. Die Sorge um Peter füllt seit langem das Herz der Eltern aus bis in den letzten Winkel, für sie – glaubt sie – ist überhaupt nichts übriggeblieben – in einer Zeit, da auch bei ihr das Bedürfnis nach Zärtlichkeit voll erblüht ist.

Wenn sie allein mit der Mutter, was sich immer einmal begibt, in früher Dämmerung oder an einem arbeitsstillen Sonntagnachmittag, mit Handarbeit zusammensitzt, will auch jetzt, so nahe vor der Trennung, keine vertraute Zwiesprache, wie sie früher die Seligkeit solcher Stunden gebildet hat, zustande kommen. Allzu leicht verstummt Madeleine, ihre Augen füllen sich mit Tränen, sie sieht die Burgl nicht mehr und hört ihre Stimme nicht. Diese versteht gut, was im Herzen der Mutter vorgeht, findet aber auch Wort und Gebärde nicht, die helfen könnten.

Madeleine hat die Arbeit in der Milchkammer beendet. Sie begibt sich in den Stall, wo die Burgl bei geöffneten Fenstern die Kühe putzt, wechselt mit ihr ein paar Worte, die der Arbeit gelten, schlüpft in bereitstehende Holzschuhe und tritt durch die Stalltüre ins Freie. Die Hausfront entlang ist auf einem schmalen Streifen der Schnee weggeschaufelt, auf ihm geht sie bis zu der Stelle, die offenen Ausblick gewährt in der Richtung des Waldstückes, in dem die Männer arbeiten. Von dort herauf trägt die frostklare Luft den Laut klingender Äxte – ihn zu hören, ist sie hergekommen. Beglückt nimmt sie ihn auf, dann schlägt sie die Arme vor der Brust überkreuz und weicht vor der scharfen Kälte ins Haus zurück, in die warme Küche, wo Hantierung auf sie wartet.

Breit liegt jetzt die Sonne auf dem Schneefeld, sein blitzendes Gefunkel schmerzt die Augen und löscht jeden Gedanken aus. Auf kahlen Baumspitzen hocken Krähen, schwarz und schweigend unbeweglich, weithin sichtbar. Zur sorgsam mit Reisig geschützten Futterstelle auf der Laube des Wohnhauses kommen Meisen aller Art, Blaumeisen und Kohlmeisen, Nonnenmeisen und kleine kugelige Weidenmeisen vor allem, wie im Takt pochen ihre Schnäbel das gestreute Samenfutter auf – Kleiber und Baumläufer scheuchen sie weg, ein Schwarzspecht wischt heran, kurze Zeit ist es leer, dann erscheinen die Meisen wieder, Spatzen finden sich zankend dazu. Der mißtönende Schrei eines Hähers durchbricht zuweilen die Stille. Da und dort löst sich ein Ast und sinkt mitsamt der Last, die er nicht mehr zu tragen vermag, ergeben nieder auf den gefrorenen Schnee. Ein dünnes Stäuben, zum glitzernden Strahl gewandelt, zeigt sein Abscheiden an vom Leben des Baums.

Unterdessen läßt sich die erste Schlittenfuhre vernehmen, vom Holzplatz herauf. Zu sehen ist nichts, aber das Geläute der Schellen am Kummet der Pferde zeigt Weg und Nähe des Schlittens an. Eifriges Klingeln ist zu hören, wenn die Gäule, schwer im Geschirr liegend, mit gemessenem Stampfen sich die steile Schneebahn hinanarbeiten – in kurzen Abständen verstummt das Geläute, dann rastet das Gespann.

Burgl unterbricht ihre Arbeit – Reisig hacken – vor dem Holzschuppen und geht in den Stall, den Pferden Heu in die Raufen und eine Handvoll Haber in den Barren zu tun und stallwarmes Wasser zur Tränke bereitzustellen.

Nun hat der Schlitten die Höhe erreicht, im Hintergrund des Hausfeldes steigen Dampfwolken auf von den schwitzenden Pferdeleibern, dann erscheint die Ladung des Schlittens, hoch aufgetürmte dunkle Fichtenäste. Madeleine sieht eine Weile dem heranziehenden Schlitten vom Küchenfenster zu, dann entnimmt sie dem beim Herd gestapelten Brennholz einen Buchenklotz, stößt ihn in die Glut des Ofens, holt Kessel und Pfanne heran, und macht sich fertig zum Kochen von Suppe und Schmarren für die Mittagsmahlzeit.

Die Bahn zum Hof geht jetzt ebenaus, die leichte Steigung bedeutet nach der steilen Leiten nichts mehr. Die Gäule marschieren rascher voran, die ihnen zustehenden Rasten halten sie ein, wie bei einer strengen Steigung.

Vorn auf dem Schlitten, in den Daxen, sitzt der Winkelholzer, das Leitseil in den Händen.

Die Pferde mit nickenden Köpfen haben sich an den Hof herangeläutet. Vor dem Holzschuppen, beim Reisighaufen halten sie an. Sie erwarten, daß der Fuhrmann sie unter lobenden Worten ausspannt und in den Stall führt zu Tränke und Fütterung.

Dieser aber steigt nicht herab von seinem grünen Sitz, er gibt kein Zeichen, daß die Fahrt zu Ende ist.

Der Tod hat dem Winkelholzer die Ehre angetan, ihn bei der Arbeit abzuholen, ohne ihn zu stören.

Dezember 1953. Der Vater Winkelholzer ist in Ehren begraben worden. Auf seinem Grabhügel steht zu Häupten ein schmiedeeisernes Kreuz, die ovale Tafel verzeichnet die Namen der beiden Buben, die im Krieg gefallen sind, darunter den des Winkelholzer-Vaters, Geburts- und Sterbetage, – sie ruhen im Frieden des Herrn. Neben einer Tanne im ersten Kindesalter, rührend anzusehen, bietet ein kleines steinernes Gefäß auf schlanken Säulchen Weihwasser an für jeden, der am Grabe stehenbleibt, um der Toten zu gedenken. Ein stiller unansehnlicher Friedhof, er beherbergt nur Angehörige der kleinen Pfarrgemeinde, kaum einen Fremden. Eingeschlossen von einem Mäuerchen liegt er rund um die Kirche, der Glockenturm gehört zu seinem Bezirk.

Peter hat, mit Madeleines Einverständnis, die Regierung auf dem Hof übernommen. Das Testament, das sich vorgefunden hat, in ungelenker Schrift in wenigen Sätzen niedergelegt, rechtfertigt das. Madeleine überläßt ohne lange Reden dem Peter alles, was ihr selbst an Rechten zugedacht ist.

Der junge Bauer hat den Kopf alsbald voll von Plänen, wie er sich den Hof einrichten will. Er ist zu jung und zu sehr mit dem bäuerlichen Wesen verwachsen, als daß er den Betrieb im alten Geleise lassen wollte – zudem hatte er mit dem Vater bei guter Gelegenheit sich auch besprochen, was da und dort zu ändern und zu verbessern wäre. Alles mit der Bedächtigkeit der Winkelholzerart, auch wenn der Rausch der Arbeitslust ihn zuweilen überfällt. Vorerst, bis zum Beginn der Heuernte, wechselt er die Dienstboten aus. Er stellt einen neuen Knecht ein, der ihm, Gott weiß wie, über den Weg gekommen ist – einen erfahrenen gestandenen Bauern, von einigen vierzig

Jahren, einen Flüchtling aus dem Sudetenland, wo er von seinem Bauernhof, größer als der Winkelholzer, vertrieben worden ist und wo seine Familie der Wut der Tschechen zum Opfer gefallen ist. Seit Kriegsende unstet im bayrischen Lande umherirrend, von einer Behörde, von einer Organisation zur anderen geschoben, mußte er von bitteren Unterstützungen sich fristen – er ist von Herzen froh, nun wieder Brot essen zu können, das er mit eigenen Händen sich verdienen kann. Er sieht die Arbeit, die hier auf ihn wartet, die vertraute Bauernarbeit, man braucht sie ihm nicht zu weisen. Die Sauberkeit des Lebens auf dem Hof, die Reinlichkeit in Haus und Stall geben ihm das Gefühl der Geborgenheit nach langer quälender Unsicherheit. Die schweigsame Art des jungen Bauern empfindet er als Wohltat, seit Jahren ist er mit mundfertiger Geschwätzigkeit überfüttert worden.

Zwischen ihm und Peter entsteht ein gutes Vertrauensverhältnis. Er respektiert Peter als den Herrn des Hofes, dieser läßt seinen Erfahrungen und seinem Alter ihr Recht und hört auf seine Vorschläge. Es stellt sich bald heraus, daß rechte Bauernarbeit auf den gleichen Grundlagen sich aufbaut, im böhmischen Hügelland und im bayrischen Gebirge.

Für den Stall, die Feldarbeit und die gröbere Hausarbeit sind zwei junge Bauernmädchen aus der weiteren Nachbarschaft aufgenommen worden, Kuni und Gretei. Madeleine hat sie ausfindig gemacht. Von derber Kraft und zuverlässiger Gesundheit, mit allzeit fröhlichen Augen, erweisen sie sich zwar als nicht allzu flink, aber als willig und arbeitsfreudig. Mit dem Vieh, vor allem mit den Kühen, verstehen sie gut umzugehen. Peter weiß das hoch zu schätzen. Rasch haben sich die beiden aneinander gewöhnt und sich auf dem Hof eingelebt, zu dem sie nun halten wie zum Elternhaus.

Madeleines Menschenkenntnis hat sich bewährt, und ihr stilles Wesen hat ihr das Zutrauen der neuen Mägde erworben;

und das ist gerade auf einem abgelegenen Hof besonders wichtig.

Nach beendeter Ernte scheinen die beiden Gäule dem Peter reichlich mitgenommen, wenn er der Traktoren gedenkt, die weitum bei allen Bauern die Zugarbeit leisten. Er kann auf dem Berg die Pferde nicht entbehren, aber schonen muß er sie, zumal er ihnen nur Rauhfutter geben kann, Hafer anzubauen lohnt sich nicht. Die Anschaffung eines mittelstarken Traktors, wie er für den Hof taugt, wird für das kommende Frühjahr in Aussicht genommen, durch Holzeinschlag im Winter werden die Mittel beschafft werden können. Das ältere der beiden Pferde, eine kräftige Oberländer Stute, läßt er auf der Beschälstation decken.

An den Beziehungen zwischen Madeleine und Peter hat sich nichts geändert, auch nicht, nachdem die Burgl ins Altmühltal gezogen ist. Peter hängt von der Morgenfrühe bis zum Abend an der Arbeit, in die er sich im übrigen mit dem Knecht teilt. Mit Madeleine sitzt er zwar des Abends zusammen, berichtet ihr über Dinge des Hofbetriebes, wohl auch einiges über seine Pläne, denen sie lebhaft zustimmt, wenn er einmal ihren Rat erholt – sie erzählt ihm von ihrer und der Mägde Arbeit, ziemlich regelmäßig auch, was sie an Zeitungsnachrichten für wichtig hält. Peter ist dafür dankbar, er braucht sich nicht mit viel Lesen aufzuhalten. Kurze Zeit dauern die Abende, Aufregungen bringen sie nicht.

Zuweilen führt sie, wenn Peter zu Bett gegangen ist, noch mit Franz, dem Bauern aus dem Sudetenland, ein Gespräch über die Wechselfälle im Schicksal der Menschen, zuweilen auch hört sie die Mägde an, denen das Leben viel Rätsel aufgibt, die sie allein nicht lösen können. Als Letzte sucht sie ihr Lager auf.

Arbeit über den Tag hin macht sie nicht müde, denn man verlangt sie nicht mehr von ihr. Es ist ihr überlassen, woran sie sich beteiligen will. Zwar in der Erntezeit hat Peter sie bei

Dringlichkeit auf das Feld gerufen, und sie hat eifrig mit Rechen und Gabel mit den anderen geschafft, aber sonst bleibt ihr eigentlich nur die Küche. In den Stall geht sie zwar regelmäßig und zu den gewohnten Stunden, aber sie hat nicht nötig, selbst zuzugreifen. Bei der Einwinterung des Gemüsegartens genügt es, daß sie Anordnungen gibt, wie abgeräumt und der Boden für das Frühjahrsdüngen hergerichtet werden soll. Franz nimmt sich dieser Arbeit im besonderen an.

Den Geflügelhof läßt sie freilich nicht aus den Augen, der Fuchs hat fünf Hennen geholt, natürlich die besten Legerinnen; sie wird den Gedanken nicht los, daß das bei größerer Aufmerksamkeit der Mägde hätte vermieden werden können.

Auch ist nötig, die Hühner ohne Unterlaß anzuhalten, die Eier in die vorbereiteten Nester zu legen.

In der Milchkammer beaufsichtigt sie das Separieren und Buttern und die Reinhaltung des Raumes und der Geräte; aber was bedeutet das alles schon, wenn man es bislang selbst besorgt hat? Peters Kleidung und Wäsche in Ordnung zu halten, nimmt wenig Zeit in Anspruch, und ihre eigene Garderobe – deren Besorgung geht nebenbei.

Sie spürt schmerzhaft deutlich, daß sie unmerklich, aber sicher in die Rolle der Winkelholzermutter hinübergleitet, eine Stellung, die nach Landesbrauch der Austräglerin vorbehalten ist. Sie wehrt sich dagegen nicht, obzwar der Altenteil weder ihrem Alter noch ihrer Arbeitskraft ansteht, indessen fehlt es an einer jungen Bäuerin, und vor deren Eintreffen beiseite geschoben zu werden, tut weh, auch wenn es mit aller Rücksicht geschieht.

So kommt es, daß sie, sobald die Frühjahrssonne und der Föhn den Weg ins Dorf öffnen, den Vater Winkelholzer, so oft es gehen mag, an dem Grabhügel aufsucht zur Zwiesprache. Sie weiß, daß er vom Jenseits herüberschaut und den Hof zu seiner Zufriedenheit verwaltet sieht, er sagt ihr das auch, gesprächiger als je in seinem irdischen Leben. Und im übrigen solle sie Geduld haben und dem Peter Zeit lassen. Dazu ist sie bereit, die Bedrängnis ihres Wunsches mildert sich allmählich, die Abstände zwischen den Tagen und Wochen der Niedergeschlagenheit dehnen sich aus.

Im Sommer des nächsten Jahres, mitten während der Heuernte, an einem Nachmittag bei schwüler Hitze, die in der Senke, wo das Heu aufgearbeitet wird, das Atmen mühsam macht, überfällt sie, den Rechen in der Hand, auf eine harmlose, aufmunternde Bemerkung Peters hin zur Kuni, die neben ihr in der Reihe steht, plötzlich eine so tiefe Trostlosigkeit, daß sie, ohne ein Wort zu sagen, das Feld verläßt und das Haus aufsucht. Als sie dort sich etwas beruhigt hat, kleidet sie sich sonntäglich um und wandert zu der Leonhardikirche im Forst. Am Abend, nach ihrer Rückkehr, erwartet sie mit banger Hoffnung, Peter würde über die Unordnung, daß sie von der Arbeit weggelaufen ist, auf irgendeine Weise sich unwillig auslassen. Peter billigt das Verhalten der Mutter auch keineswegs, er ist sehr versucht, sie darob zur Rede zu stellen, – bezwingt sich aber, es will ihm kein Wort, das die Mutter auch nur entfernt kränken könnte, über die Lippen, ja er fragt sie am Abend nicht einmal, wo sie gewesen ist. Madeleine indessen entgeht es nicht, daß er ihre Abwesenheit bemerkt hat und als Unordnung empfindet, und schon das tut ihrem wunden Herzen wohl.

Die Leonhardikirche, eine ansehnliche Kirche bayrischen Barocks, liegt talauswärts, eine reichliche Wegstunde vom Winkelholzerhof – ihr Zwiebelturm grüßt über Fichtenwipfel zu ihm herauf und birgt sich in den Rand eines dichten Forstes, der sie gegen Unwetter aus dem Westen schützt. Die große Fahrstraße, die in einigem Abstand den Forst entlang bergwärts zieht, kümmert sich nicht um sie. Als einziger Zugang dient ihr ein schmaler Fußweg durch Wiesen, im Frühjahr und Sommer fast ganz zugewachsen. Er kommt aus dem Pfarrdorf hinter dem Hügel im Süden und wandelt still vor sich hin zur Kirche. Diese, in Kriegsnöten einst zum Schutz und Trost der ganzen Umgegend entstanden, hat ihre Bedeutung längst eingebüßt – die Pfarrkirche im Dorf hat sie wieder an sich genommen, nachdem die Gefahr vorüber war. Zwei Glocken waren der Leonhardikirche verblieben, sie hatten einen anmutenden Ton und konnten weit über den Wald hin bis an die Berge gehört werden. Selten durften sie ihre Stimme vernehmen lassen, aber wenn es geschah, war jedermann, zu dessen Ohr die schwingenden Töne kamen, diesen Tag über fröhlich. Der letzte Krieg hatte sie weggeholt – für immer. Zum großen Kummer der Leute vom benachbarten Harthof, einem alteingesessenen Bauernhof, die die Leonhardikirche seit Menschengedenken betreuen. Noch niemals hat es auf diesem Hof an einer Person gefehlt, die mit Hingabe die Pflege der Kirche auf sich genommen hat.

Ein paarmal im Lauf des Jahres erlebt diese einen vom Pfarrgeistlichen in bescheidenem Rahmen durchgeführten Gottesdienst, einen Gottesdienst zum Gedächtnis längst verstorbener Anwohner. Im Frühjahr erscheinen zwei entlegene Kirchgemeinden mit Kreuz und Fahne, verweilen zu einer kurzen Andacht und machen sich wieder auf den Heimweg, ehemals begrüßt und verabschiedet von munterem Glockenschall. An den Samstagabenden im Mai finden sich Andächtige, gering an Zahl, Weiber und Kinder zumeist, in der Kirche zu einer Maiandacht ein, sie beten gemeinsam beim Muttergottesaltar der Kirche, die Türe weit geöffnet. Wer auf der Fahrstraße des Weges kommt, hört die hohe Stimme einer Vorbeterin und die in dumpfe Töne gebündelte Melodie der Antwort in klaren und immergleichen Absätzen, die das Gebet nicht nach dem Sinn der Worte, sondern nach der Länge des Atems in kleine Abschnitte aufteilen. –

Ihren großen Tag aber hat die Kirche bei der Leonhardifeier Anfang November. Da wird über abgemähte Wiesengründe eine Zufahrt hergerichtet, die Kirchentüre mit Fichten- und

Tannendaxen geschmückt, der Altartisch mit frischen Linnen gedeckt, Tabernakel und das kleine hölzerne Kruzifix verschwinden unter prächtigen, prahlenden Herbstblumen aus Bauerngärten. Der Geistliche der Pfarrkirche erscheint im Ornat, hoch zu Roß, vor der Kirchenpforte und hält dann bei Chorgesang und Weihrauch feierlichen Gottesdienst. Rund um die Kirche, bis in die Waldbäume hinein, sind die Rösser versammelt, die Schutzbefohlenen des heiligen Leonhard. Sie stellen sich ihm hier vor, damit er sie alle kennenlernt, die er schützen soll vor Unfällen und gegen vielfältige Krankheiten.

Der Pfarrer, nach beendeter Messe, tritt unter das Portal, spricht den Segen über Tiere und Menschen und sprengt Weihwasser aus unter dringlich lauten Gebeten. Die Bauern, entblößten Hauptes, berühren sich mit schweren Händen Stirne und Brust, Frauen und Kinder liegen auf den Knien – und dann beginnt der Umritt um die Kirche. Sattelzeug und Kopfgeschirr auf schimmernden Glanz geputzt, im Schmuck von Blumen und Tannenzweigen, werden die breithufigen Gäule, durchwegs Oberländer Schlages, von ihren Reitern, jungen Bauernburschen, in Bewegung gesetzt, rund um die Kirche. – Mit einiger Mühe kommt ein etwas ungeordneter, verwunderter Trab zustande. Dazu knallen wuchtig und kunstvoll geschwungene Peitschen – sie werden nur an diesem Tage vorgeführt, nicht nur die Gäule versetzen sie in Schrecken –, Frauen und Kinder bilden, ganz Bewunderung, Spalier, junge Bauernmädchen, von der Sommerarbeit gebräunt, eine Augenweide in ihrer festlichen Tracht, stehen den Reitern, ihren zukünftigen Ehemännern, zur Schau in Gesundheit und Anmut, die Bauern, Eigentümer der Pferde, folgen mit prüfenden Blicken, den Preis der Gäule gegeneinander abschätzend, dem Umritt.

Eine primitive Volksfestbude am Waldrand hält für die Kirchenleute einfache Genüsse an Eßwaren und Getränken feil, bei brauchbarem Wetter mit gutem Erfolg.

Früh bricht der Abend herein, der Platz leert sich, die Bauernleute kehren zur Stallarbeit in ihre Höfe zurück, wo die gesegneten Rösser, abgeschirrt und gestriegelt, an den Barren und Heuraufen mit ihrer Festration beschäftigt sind.

Dann träumt die Leonhardikirche im Forst wieder ein Jahr vor sich hin, nur selten holt sich jemand im Harthof den schweren Schlüssel der sorgfältig verschlossenen Kirchtüre.

Madeleine erscheint nun häufiger beim St. Leonhard. Immer sonntäglich gekleidet, betritt sie den stillen Raum. Die Hände im Schoß gefaltet, sitzt sie dann in einer Bank, nahe dem Bild des Heiligen, und durchwandert ihren Lebensweg – sie streckt ihre Hand aus und spürt, wie sie von einer anderen guten, festen Hand umschlossen wird. Der Schmerz ist entwichen, als sie wieder ins Freie tritt; getrösteten Herzens wandert sie heimwärts.

Im Sommer 1952, zwischen Heu- und Grummeternte, sucht sie nach langer Unterbrechung die Winkelholzeralm auf. Eine Woche bringt sie in der Hütte zu, die ihren Lebensweg bestimmt hat. Wenig hat sich in den dreißig Jahren verändert. Unterwegs freilich ist sie begleitet worden von dem aus dem Wald dringenden Donnern und Pochen und Hämmern der geländegängigen Traktoren und dem Ächzen und Knirschen der Motorsägen, mit denen Holzknechte, die sich in Monteure verwandelt haben, den Bergwald abholzen. Die Holzpreise sind gewaltig hinaufgeschnellt, die Konjunktur treibt zur Eile.

Peter aber hat sich an diesem Geschäft nicht beteiligt. Was zur Alm gehört, die Ahorne, Buchen, Tannen und Lärchen, darf noch weiterwachsen und seine Lebenszeit erfüllen.

Der alte Viehweg, über drei Berge zieht er hinweg, holpert noch wie vordem über Steine, Felsbrocken, Baumwurzeln, über tiefe Löcher mit öligem Wasser, die vom Marsch der ziehenden Rinder zurückbleiben und sommers keine Zeit finden auszutrocknen; durch niedriges Gebüsch zwängen sich Umgehungssteige, schwer zu finden und rasch wieder verschwunden. Madeleine erlebt die glückliche Mühsal des Anstiegs in vollem Maße – auf der Höhe aber auch den herrlichen Ausblick in den geliebten Almkessel und auf die Berge in der Runde. Die Hütten ducken sich in die Mulde eines Südhanges, blank geputzt die kleinen Fenster, unverändert der hochgetürmte Kreister, der breite Herd, und Tisch und Bank in der Ecke mit darüber hängender Petroleumlampe. Der Brunnen auf der Gred schickt den dünnen Wasserstrahl unermüdlich und unbekümmert in den steinernen Trog. Madeleine kann sich nicht satt hören an diesem vertrauten Gesang. Aus dem Gehölz ringsum, von den Hügeln herab grüßt das Läuten der Glocken des weidenden Almviehs.

Das alles heimelt Madeleine zutiefst an, mit Genuß sitzt sie mit den Almleuten am Tisch bei goldgelbem Schmarren und schäumender Milch.

Die Vergangenheit aber wird doch nicht lebendig. Müden Herzens steigt sie nach einer Woche wieder zu Tal. Zu Hause gehen die Dinge ihren Gang. Französische Kinderlieder werden an den Sonntagnachmittagen nicht mehr gehört, über Peters Heirat wird nicht gesprochen – und es tut nicht weh, dem heiligen Leonhard sei Dank.

Wenige von den Menschen, die ihr Weg über den Berg führt, sprechen im Hof zu. Nachbarn, die Auskunft oder Hilfe suchen, Metzger, Viehhändler, Holzaufkäufer oder wer sonst Handelschaft sucht – Madeleine kommt mit ihnen nicht in Berührung. Zweimal im Jahr macht der Pfarrer aus dem Dorf, ein rüstiger alter Herr, – er hat Madeleine getraut, die Kinder getauft, den gefallenen Buben den Seelengottesdienst gehalten und den Vater begraben – einen Pflichtbesuch. Er findet immer ein ordentliches Hauswesen, Frieden in der Familie und unter den Ehalten und sieht, wieviel redlicher Fleiß auf dem Hof daheim ist. Er begrüßt Madeleine und Peter auf das freundlichste, spricht mit den Dienstboten, die er ermahnt, auch den Herrgott und das Beten nicht zu vergessen, und nimmt im

Kreis der ganzen Hofleute eine tüchtige Brotzeit ein, die ihm, wie es der Brauch erfordert, aufgetischt wird. Sorgen hat er der Madeleine nie abgenommen. Sie ist ihm, die Wahrheit zu sagen, immer fremd gewesen, seit ihrer Flucht in die Auvergne sogar unheimlich geworden. Aber er muß Respekt vor ihr haben und versagt sich dem nicht. Für Madeleine bedeutet dieser Besuch nicht mehr als eine Gewohnheit. In der Kirche, die sie zum Gottesdienst besucht, so oft sie kann, spielt für sie die Person des Pfarrers keine Rolle.

Einen anderen alten Mann aber, den Postboten Martl Seestaller, hat Madeleine in ihr Herz geschlossen. Er bringt seit langen Jahren die Post auf den Winkelholzerhof – nicht allzu häufig freilich, wie auch sollte der Verkehr mit der Welt lebhaft sein? Er bringt rund zwanzig Kilometer Weg täglich hinter sich, in einem höchst buckligen Gelände, ohne Fahrzeug, bei jeder Art von Witterung – und es gibt wahrlich viele Arten davon im bergigen Oberland – und ohne den Rückhalt häuslicher Versorgung.

Seit vielen Jahren Witwer, kinderlos, hat er den Versuch zu heiraten nicht wiederholt. Aufregungen im Gleichmaß seiner Wanderungen unzugänglich, plagt ihn auch keine Neugierde, so kann er den Fragen Wißbegieriger guten Gewissens ausweichen. Ein stiller Mann, hat er sich vom Glauben seiner Kindertage nie auch nur einen Schritt entfernt. Wenn er dem sonntäglichen Gottesdienst nur gelegentlich beiwohnt, so hat das seinen Grund darin, daß er sonntags sich ausruht, um Kraft zu haben für den mühevollen Werktag. Indessen gleicht er das aus. Wenn er über Land die Zustellgänge macht, hält er an einer Feldkapelle oder einem Wegkreuz an – sie sind ihm alle wohlvertraut –, zieht einen Rosenkranz aus der Rocktasche, nimmt ihn fest in die Hand und setzt sich, den Blick auf die geliebte Landschaft gerichtet, zu einer kurzen Rast nieder. Zuweilen spricht er dann mit halber Stimme ein kurzes Gebet, das er als Kind gelernt und bis heute im Gedächtnis bewahrt hat, ein Nacht- oder Tischgebet etwa. Das erbaut ihn, daraus nimmt er Trost und die Gewißheit, daß der Vater im Himmel sich um ihn kümmert. Madeleine mag ihn gern, sie fühlt sich ihm verwandt. Freude und Kummer verbirgt sie nie vor ihm und ist seines Verständnisses sicher. Seine Teilnahme bekundet er in einem Blick, einem Nicken des Kopfes, einer zurückgedrängten Träne wohl auch, oder fröhlichem Lächeln – selten in einem Wort, nie in einer Redensart. So oft Madeleine den alten Martl auf dem Hof trifft, wird's ihr warm ums Herz.

Von der Burgl hat er vor ein paar Wochen die Nachricht gebracht, daß ihr drittes Kind auf den Namen Magdalene getauft worden sei und Madeleine gerufen würde. Der Martl ist ob dieser frohen Botschaft mit einem besonderen Imbiß gestärkt worden.

Am Abend eines regnerischen Oktobersonntags des Jahres 1952 zur Stunde der Stallarbeit bei lichtloser Dämmerung sprechen zwei junge Mädchen auf dem Hof ein – Schülerinnen einer oberbayrischen Landschule. Der Gewohnheit der Schule folgend, sonntags Fußwanderungen zu unternehmen, waren sie am frühen Morgen aufgebrochen, den Höhenzug zu durchqueren, der gegenüber dem Winkelholzerhof ansteigt. Mittags hatten sie sich in hellem Sonnenschein zur Rast auf einer Alm niedergelassen, deren Vieh schon abgetrieben war, hatten dort die Uhr vergessen und waren eingeschlummert. Aufgescheucht durch plötzliche Kälte, hatten sie bei einfallendem Nebel und nachfolgendem Regen Weg und Richtung des Abstiegs verloren. Niemand, den sie hätten um Auskunft fragen können. Ein Jäger, in kurzer Entfernung im Stangenholz sichtbar, entzog sich sogleich wieder ihren Augen. Auf und ab waren sie verwirrende Holzwege gelaufen, die Nässe hatte den Kleidern und Schuhen immer mehr zugesetzt – da sind sie unversehens auf den Winkelholzerhof gestoßen, nun heilfroh und dankbar.

Madeleine, allein in der Stube, ist ihrerseits froh über den unerwarteten Besuch der jungen Mädchen und die Gelegenheit, helfen zu können. Schuhe und Kleider kommen in die Küche, wo sie trocken werden. Madeleine bringt eigenes Zeug zum Überziehen, heißer Lindenblütentee mit sehr viel Zucker wird verordnet, und dann müssen die Mädchen sich zu ihr an den Stubenofen setzen. Peter sieht nach, wer sich an diesem unfreundlichen Abend noch eingestellt hat, dann wäscht er sich, wechselt das Hemd, wie er nach der Stallarbeit zu tun gewohnt ist, und erscheint alsbald wieder im gestrickten Janker, der in der Gegend des Winkelholzerhofes übrigens Frack genannt wird, – in der Küche richtet unterdessen die ältere Dirn das Abendessen für zwei Leute mehr. Den Mädchen lösen sich bei der kräftigen Ofenwärme bald die steif gewordenen strapazierten Glieder und bei der gastlichen Herzlichkeit, die sie umfängt, auch die Zungen. Sie schildern mit der Ausführlichkeit eines ersten glücklich bestandenen Abenteuers den Verlauf ihres Marsches und erzählen auch, den Speisen mit großem Appetit zusprechend, von ihrer Herkunft und von der Schule.

Marion stammt aus dem Hannoverschen, hat die Oberschule absolviert und will Landwirtschaftslehrerin werden. Familienbilder führt sie mit sich und zeigt sie vor – ihre Redefreudigkeit ist bemerkenswert.

Hochgewachsen und sehr schlank, verfügt sie über unbekümmerte lustige Augen, die ihre Rede deutlicher machen, als es die Zunge vermag. In Hannover nämlich geht die Rede doch wesentlich anders als auf einem abgelegenen Berg in Oberbayern – Peter hat mehr Mühe, Marions Worten zu folgen, als Madeleine.

Ursula ist Münchnerin, sie hat ihre Kinderjahre im unteren Bayerischen Wald verbracht, nahe der böhmischen Grenze, wo ihr Vater inmitten der Motive seiner Landschaftsbilder sich für einen längeren Aufenthalt angesiedelt hatte. Die zunehmende Unruhe der Grenze hat die Familie, Eltern und drei

Töchter, nach München zurückgescheucht. Sie selbst hat, zum Mißvergnügen der Mutter, aber mit Unterstützung des sehr geliebten Vaters die Landwirtschaft als Beruf – nicht gewählt, für sie stand sonst nichts zur Wahl – aufgenommen. Ursula ist wesentlich gedrungener von Gestalt als Marion, sie hat gute aufmerksame Augen, arbeitsame Hände, ihre Bewegungen sind bedächtiger als die ihrer Freundin, deren Redefluß immer von neuem aufbricht und munter dahinplätschert.

Die beiden jungen Mädchen erfüllen den Abend mit Behaglichkeit und Gemütlichkeit, Peter bleibt weit über seine gewohnte Zeit als aufmerksamer Zuhörer in der Stube. Die Kleider trocknen langsam, so fällt es Madeleine nicht schwer, Marion und Ursula zu bewegen, auf dem Hof zu übernachten und den Weg zur Schule auf den nächsten Vormittag zu verschieben.

Die Wirkung dieses Besuches hält erstaunlich lange an. Madeleine, gelöster und heiterer Stimmung, singt ab und zu bei einsamen und stillen Handarbeiten in der Stube wieder Lieder aus der Auvergne mit leiser, noch immer süßer Stimme – ohne Tränen, die lange Zeit bestimmte Verse begleitet haben als feste Bestandteile der Lieder.

Als der Winter sich zum Frühjahr wendet und der Föhn sich mit dem letzten Schnee abmüht, eröffnet Peter seiner Mutter, daß er Ursula heiraten werde. Madeleine nimmt diese Nachricht, die sie nicht erwartet hat, hin ohne jedes Anzeichen von Überraschung, schon einmal ist es ihr begegnet, daß das lange inbrünstig erflehte Glück unangekündigt vor sie hingetreten ist – als Peter aus Frankrreich zurück kam – ja, und war es anders, als ihr Mann zu ihr in die Almhütte trat? Die Mitteilung von Peters Verlobung hat sie so oft vorweg erlebt, daß sie unmöglich überrascht sein kann, – damit aber enttäuscht sie, zunächst wenigstens, den Peter, der sich nach allem, was er wegen Heirat schon zu hören bekommen hat, auf eine lebhaftere Aufnahme der Nachricht gefaßt gemacht hat. Das hinwiederum hat zur Folge, daß er gesprächig wird. Er beginnt zu erzählen: über Ursulas Familie, die er selbst bis jetzt nur aus Ursulas Schilderungen kennt, über deren finanzielle Situation, schließlich, da seine Mutter nur mit einem Ohr zuhört, über Ursula – er erzählt vorsichtig und stockend. Er würde Bedenken nicht ungerne hören, schon um sich selbst zu prüfen, denn so ganz sicher und behaglich fühlt er sich nicht, sosehr sein Herz auch von der Liebe zu diesem Mädchen angefüllt ist. Der Einbruch in sein gewohntes Leben, das auf festem Geleise voranzugehen schien, kam zu plötzlich; die Frage an Ursula hat ihm ein aufwallendes Gefühl entrissen, ohne Übergang ist das alles geschehen. Es wäre ihm wohler, wenn er einen Widerstand zu besiegen gehabt hätte, aber nichts dergleichen zeigte sich. Die Zustimmung ihrer Eltern hatte Ursula zugesichert, ohne sich damit aufzuhalten. Blieb also Madeleine. Diese aber leuchtet vor Glück. Schon am nächsten Tag macht sie sich auf den Weg. Am Grab ihres Mannes, den sie nie inniger geliebt zu haben glaubt als in diesem Augenblick, vergießt sie heiße Tränen, dann wandert sie zur Leonhardikirche, deren Tür noch zugeschneit und kaum zu öffnen ist. In der bösen Kälte dieses Raumes bringt sie dem heiligen Leonhard ihren überströmenden Dank dar – und steckt eine goldgelbe Kerze auf den Leuchter an der Wand.

In der nächsten Zeit erscheint Ursula häufig auf dem Hof, die Einrichtung des künftigen Hausstandes veranlaßt das, natürlich – obzwar nicht allzuviel einzurichten ist, das Haus und der Wirtschaftsbetrieb erlauben den sofortigen Beginn der Ehe –, aber da ist doch auch der Peter, an den sie sich gewöhnen muß. Nun, ein stürmischer Liebhaber ist der gerade nicht, aber sie spürt zutiefst, daß Peter gerade der passende Mann für sie ist, und so verlangt sie von ihm nicht mehr an Zärtlichkeiten, als er zu geben vermag.

Für Madeleine ist eine Zuneigung in ihr aufgeblüht, die sich bei jedem Besuch mehr entfaltet – und von Madeleine mit der ganzen Kraft ihres Herzens erwidert wird. Die beiden Frauen gehen sehr ineinander auf – sie verstehen sich ohne Worte, was immer sich begibt, sie beten einen gemeinsamen Gott an, den Peter, dem allezeit zu dienen sie willens sind, und bedürfen dazu der Erlaubnis dieses Gottes nicht, der ja von sich aus nicht beurteilen kann, was ihm zuträglich und was gefährlich und schädlich, – und dann achten sie eifrig darauf, daß keine einen Wunsch unerfüllt läßt, der im Auge der anderen sichtbar wird. Ein glückseliger Überschwang hat sich über den Winkelholzerhof ausgebreitet.

Dann bringt Ursula ihre Eltern auf den Hof. Der Vater, ein gestandener Mann von etlichen fünfzig Jahren, behäbiger Körperlichkeit, mit gepflegtem Äußeren und den klugen Augen der Ursula, nimmt einen gründlichen Bestand auf von der Atmosphäre des Winkelholzerhofes, dessen Eigenart und Selbständigkeit ausgeprägter sind, als es bei jedem Bauernwesen, das etwas taugt, sein muß. Er legt sie, wie er sagt, auf die Zunge – mit dem Ergebnis, daß er Peter als den Sohn erkennt, den seine Ehe ihm versagt hat, und daß er von Madeleine bezaubert ist und keine andere Möglichkeit findet, ihr das zum Ausdruck zu bringen, als sie zu bitten, sich von ihm porträtieren zu lassen. Auf einem Gang durch die Felder bespricht er mit Peter und Ursula die Frage des Ehe-Einbringens, ohne Mißton.

Was Ursula für die Ehe mitbringt, bedarf keiner Besprechung, ihre Gesundheit, ihre Kenntnisse, ihre Liebe zu Peter und Madeleine und zu ihrem Glück, das eingewachsen steht auf dem Berg – und einen prächtigen, sehr geliebten Vater.

Ihre äußerst stattliche Mutter betont die jugendliche Frische, die ihr trotz des weißen Haares – eines gepflegten Wuschelkopfes – zu eigen ist. Sie spricht viel und in Monologen. Ihre Ansichten über alles, was sich auf Erden begibt, äußert sie so bestimmt, als ob sie auf Grund eingehender Prüfung zustande gekommen wären, – das ist aber durchaus nicht der Fall. Im Gegenteil, es fehlt ihr sehr an Einsicht, ja sie kann als ziemlich töricht bezeichnet werden – aber zuzugeben ist eine erfreuliche Gutmütigkeit, die zu ihrem stark entwickelten Selbstbewußtsein paßt. Die Ehe mit dem bedeutenden Künstler verdankt sie der Schönheit ihrer jungen Jahre. Sie ist begeistert über die Lage des Hofes und die prächtige Aussicht, über die sie eine ausführliche Schilderung der aufhorchenden Madeleine zum besten gibt, mit Wortprägungen bedeutender Feuilletons und den Gesten eines Geschenkes. Sie hat sich entschlossen, sagt sie, ihrem Kind, das ja jetzt in die Einsamkeit zieht, in den Sommermonaten nahe zu sein, in der Südostecke des ersten Stockes könne ein passendes Appartement für sie gerichtet werden.

Mit Abscheu weist sie den Entschluß der Brautleute zurück, die Hochzeit nicht als festliche Bauernhochzeit (sie hat mit ihrer Schneiderin schon das Kostüm für ihre Rolle besprochen), sondern in der Stille zu begehen, „wie eine Beerdigung" sagt sie bitter. – Sie bleibt aber mit ihrem Widerspruch, der respektvoll, aber ungerührt entgegengenommen wird, allein.

Da die Erledigung der Formalien bei Ursulas staatsbürgerlichen Schulkenntnissen rasch vor sich geht, findet die Heirat noch Ende Mai statt. Eben kann noch eine Tagfahrt an den Walchensee als Hochzeitsreise durchgeführt werden, dann geht es mit Schwung in die Heuernte. Alle Hände auf dem Hof greifen ineinander, in der ersten Morgenstunde sinkt das feuchte Gras in Schwaden, hingemäht vom Traktor, den Peter steuert, – nächstens darf ihn Ursula einmal ablösen. Bald donnert die erste Fuhre in die Tenne und füllt sie mit dem köstlichsten Duft aus, den das Leben auf dem Berg kennt. Nach fünf Wochen strenger Arbeit ist das Heu unter Dach, und Peter kann, wie es dem Brauch entspricht, mit Ursula auf der Alm nach dem Rechten sehen.

Unterdem trifft aus der Stadt die Schwiegermutter ein, ausgerüstet für einen längeren Aufenthalt. Unverzüglich greift sie in den Arbeitsgang des Hauses ein, holt die Kuni mitten aus der Stallarbeit heraus und jagt sie und das Gretei treppauf und -ab, daß es nur so eine Art hat. Dem Einspruch von Franz begegnet sie mit überlegener Zurechtweisung – Madeleine, von den Dienstboten zu Hilfe gerufen, vertröstet auf die baldige Rückkehr des Bauern. Daraufhin sind die Mädchen spurlos aus dem Haus verschwunden, die Stalltüre läßt sich von außen nicht mehr öffnen – so bleibt vorerst alles beim alten, und es ändert sich auch nichts, als Peter und Ursula wieder daheim sind. Denn keine Gelegenheit findet sich zur Aussprache, Ursula beginnt ihren Tag zu einer lächerlich frühen Stunde, Peter entfaltet eine unglaubliche, beinahe brutale Gewandtheit, seine Schwiegermutter nicht oder völlig falsch zu verstehen, Madeleine wandelt stumm wie ein Fisch herum, taub ist sie außerdem – wie soll Ursulas Mutter da sich zur Geltung bringen? Sie versucht es noch mit milden Tönen mütterlicher Besorgnis, und als auch das nichts hilft, geht sie zum Pfarrer unten im Dorf, um wenigstens ihn darüber aufzuklären, in welch gröblicher Weise auf dem Winkelholzerhof die gesellschaftliche Ordnung mit Füßen getreten und von Peter der gottgegebene Standesunterschied zwischen ihm und Ursulas Familie schnöde mißachtet wird. Schon einige Tage später holt sie ihr Mann mit dem Hinweis, sie könne im deutsch-amerikanischen Frauenklub nicht länger entbehrt werden, zur Stadt zurück. Sehr geliebter Vater!

Ungestört läuft dann die Grummeternte ab. Als der Traktor vom Haus wegfährt auf die Wiese, das letzte Fuder zu holen, umarmt Madeleine die Ursula und segnet den Peter mit dem Kreuzeszeichen auf die Stirn, und dann wird aufgeladen. Madeleine und Ursula stehen auf dem Wagen und nehmen mit weitgebreiteten Armen das Heu auf, das Peter auf unermüdlichen Gabeln ihnen zuschwingt, Kuni und Gretei ziehen mit den Rechen den zurückgebliebenen Rest des Heues an den Wagen heran; Kuni, des Traktorfahrens kundig, führt den Wagen ein kurzes Stück voran, wo sich der Arbeitsgang wiederholt, und so häuft sich Schicht auf Schicht, das Fuder ist fertig geladen und fährt in die Scheune. Ursula steckt eine weißblaue Fahne ins Heu, wie es altem Brauch entspricht.

Ein sonniger, lange währender Herbst stellt sich ein. Die Wiesen liegen still, sie ruhen sich aus, kein Weidegang von Rindern stört sie. Hasen sind um die Wege und Füchse, die Maulwürfe werfen ihre Hügel auf. Buchen und Ahorne, ihres leuchtenden Blätterschmuckes beraubt, zeigen ihre wuchtigen Äste nackt, das Nadelholz trägt stolz seinen grünen Pelz.

Vielfältige Arbeit bietet auf dem Hof sich an, da noch kein Schnee gefallen ist. Die Dächereien sind nachzusehen, der Stall, die Tenne, die Heustöcke müssen umgeschichtet werden, eine neue Häckselmaschine, auf elektrische Kraft gestellt, wartet darauf, in Betrieb gesetzt zu werden; das Schlittenzeug muß hervorgeholt, das Pferdegeschirr zum Sattler gebracht werden. Die Obstbäume sind zu versorgen mit Kalkanstrich und Strohgewändern, Ursula weiß dazu und zur Schädlingsbekämpfung viel anzugeben. Nikolaustag rückt heran und die Adventszeit – ein Schwein wird geschlachtet, die Geschenke für die Dienstboten, vor allem auch für Franz, werden gerichtet – Madeleine aber und Ursula und Peter leben in Heimlichkeiten voreinander. Die Mägde beginnen mit gründlichem Hausputz, von allen anderen als Störenfriede angefeindet. Franz hat sich auf die Werkzeugkammer in der Tenne zurückgezogen, er denkt an das nächste Jahr und setzt das Arbeitsgerät instand.

Frost fällt ein und Reif. Im grünen Kachelofen knackt und prasselt es von knorrigen Wurzelstöcken, die sich dem Feuer nur schwer ergeben – aus der Durchsicht zieht der Duft bratender Äpfel in die Stube, auf der Ofenbank inmitten aufgehäufter Stopf- und Flickwäsche schnurrt die Katze. Madeleine und Ursula lassen, wenn das Licht verschwindet, die Hände ruhen. Madeleine stimmt ein Kinderliedchen an, beheimatet in der Auvergne, Ursula sucht behutsam eine begleitende Stimme zur Melodie, sie denkt dabei an das Kind, das sie im Frühjahr zur Welt bringen wird, für die beiden Frauen ein Gesprächsstoff voll Seligkeit und ohne Ende.

An einem Nachmittag sehen sie den alten Martl den Berg heraufkommen zum Hof. Sie klopfen ans Fenster und rufen ihn zu einer Schale Kaffee in die Stube. Die Aufforderung gilt auch mir. Ich habe den Martl begleitet, denn wir hatten das gleiche Ziel. Peter haben wir unterwegs getroffen; er hat ein Pferd zur Schmiede draußen an der Straße geführt, ich habe zugesagt, bei den Frauen auf ihn zu warten.

Viel Zeit ist vergangen, seit ich zuletzt auf dem Winkelholzerhof zugesprochen habe. Nun ist unser aller Freude groß. Der Martl freilich muß bald seines Weges wieder weiter, aber der Peter erscheint, und dann wird aus der Dämmerstunde eine lange und ausgiebige Nacht. Sie bringt Schnee, wir bemerken es nicht.

Am Mittag darauf begleitet Madeleine mich über die Höhe – das Lächeln ihrer Jugendjahre liegt auf ihrem Antlitz. Gottes Segen über Madeleine und den Winkelholzerhof.

Im März, zur Kindstaufe, werde ich wieder auf den Berg steigen, zur Zeit der hellblütigen Anemonen, der ersten Schlüsselblumen und jungen Sumpfdotterblumen und der Schneeglöckchen, wenn der Specht sich hören läßt vom Waldrand her.

Papst Damasus II.
Ein bairischer Papst des 11. Jahrhunderts

Am 16. Juli des Jahres 1048 erschien der Markgraf Bonifacius von Toscana vor Rom; an der Spitze einer ansehnlichen Heerschar, nichts anderes im Sinne, als den Papst Benedikt IX., aus dem Geschlecht der Grafen von Tusculum, seiner angemaßten Würde zu entsetzen. Seinen von dem deutschen Kaiser Heinrich III. (aus dem Geschlecht der Salier) designierten Nachfolger, den Bischof Poppo von Brixen, hatte er mitgebracht. Die Truppen vor den Toren der Stadt waren eine Tatsache, auf deren Boden man sich unbedenklich stellen konnte, und so jagten die Römer Benedikt aus ihrer Stadt hinaus. Sie hätten das längst tun müssen und auch wohl getan, wenn sie nicht in der Unordnung, die Benedikt zuverlässig aufrechterhielt, einen Vorteil gesehen und zudem aus Erfahrung gewußt hätten, daß der jugendliche Tusculanersprößling hemmungslos um sich zu schlagen pflegte, sobald er im geringsten seine persönlichen Interessen gestört glaubte.

Am nächsten Tag, am 17. Juli also, bei wolkenloser brütender Hitze zog Poppo feierlich in Rom ein. Im Lateran erwarteten ihn Klerus und Volk, erwählten ihn weisungsgemäß unverzüglich zum Papst, und zur gleichen Stunde wurde ihm die dreifache Krone Petri aufs Haupt gesetzt. Er verkündete, daß er als Papst den Namen Damasus II. führe, und nahm – am Ende eines Tages, der sich überreich erwiesen hatte an konzentrierten und zermürbenden Zeremonien – die Huldigung des Klerus und des römischen Volkes entgegen.

Und in der Morgenfrühe des nächsten Tages verließ er mit einem kleinen Gefolge die Stadt durch die Porta Maggiore und ritt hinaus in die Campagna, – vorbei am Grab Helenas, der Mutter Konstantins – vorüber am See Regillus, und erreichte gegen Mittag Palestrina, – Latiums uraltes Präneste. Hoch über der an einen Kalksteinberg hingelagerten Stadt ragte eine Burg – in diese begab er sich.

Die Stadt und Burg standen im Eigentum der Kirche. Crescentier, Feinde des verjagten Tusculaners, hatten sie zum Lehen.

Hier, wo ihn frische Luft umwehte und sein Blick eine Aussicht von unvergleichlicher Schönheit genoß, wollte Damasus zunächst einmal in Ruhe sich besinnen. Vor ihm ausgebreitet lag die große klassische Ebene – Latium auf der einen, Tuscien auf der anderen Seite –, die in der Ferne endete mit dem blauen Meer. Die Silhouette Roms stand am Abendhimmel, der Soracte schaute herüber, und die Albaner- und die Sabinerberge winkten ihm einen Gruß zu, daß er sich an die stille Tiroler Bergwelt erinnern konnte, aus der er so jählings hinausgestoßen worden war.

Am Tage freilich dampfte die Campagna in der Hitze des hohen Sommers, Palestrina lag betäubt im Sonnenglast, aber des Abends war es herrlich kühl oben auf der Burg. Bei einem Glas Falerner hüllte sich Damasus in die weiche Nacht und schaute vom offenen Söller dem Mond zu, wenn er über dem Meer aufzog und seine ewige Reise antrat weithin durch die Sternenlandschaft.

In dieser Stunde konnte er glauben, daß Ruhe und Frieden um ihn wäre, und konnte seinen Gedanken den Weg freigeben zu allem, was schön gewesen war in seinem Leben. Seine altbaierische Heimat stand vor ihm auf, dunkle Wälder auf weithin sich dehnenden Hügeln, eine Hofsiedelung im Arm haltend, davor reiche Feldflur, abfallend zum rauschenden Innstrom, jenseits auf ansteigendem Ufer wieder Flur und Siedlung und Wald vor einem Hintergrund geheimnisvoller weißer Bergspitzen – und Vieh in den Ställen des Hofes, um den die Hunde Wache haltend strichen, und goldenes Getreide auf der Flur, und wandernde Wolken am hohen Himmel und gewaltig beladene Erntewagen, und stampfende Rosse vor dem Pflug im Herbst und tätige Menschen ringsum, frohgemut in der Arbeit, der Vater darunter, und die Mutter am Herd, – friedvoll klang die Glocke der kleinen hölzernen Kapelle in den Abend, – und dann wurden sorgsam die gewaltigen Hoftore geschlossen, daß der Ungar nicht einbrechen konnte, wenn er etwa käme zur Nacht. Die Ungarn waren der Schrecken seiner Kinderzeit, und sie hörten nicht auf, seine Heimat in Atem zu halten, solange er denken konnte. Die Zeit zog an ihm vorüber, da er als Schüler und junger Kleriker in Salzburg heranwuchs, da er an das Domstift kam nach Bamberg und in die Hofkanzlei des Kaisers Konrad und dann zu den Erziehern des jugendlichen Baiernherzogs Heinrich, des Kaisers Sohn. Eilig war es mit dessen Erziehung, aber sie ging mächtig voran, man mußte seine Freude haben, zu sehen, wie Heinrich gediehen war, als er mit elf Jahren neben dem Vater zum König gekrönt wurde. Mit neunzehn Jahren, ein erprobter Kämpfer schon, hielt er fröhliche Hochzeit mit Gunhild, der kindlichen Tochter des Dänenkönigs Knud. In Baiern sammelte er im Jahre 1037 eine Ritterschar, um sie seinem Vater nach Italien zu bringen. Dort wurde sie von der Pest überfallen, der die Königin Gunhild, die mit ihrem Gemahl gezogen war, alsbald erlag. Kaiser Konrad brachte sie heim nach Deutschland und entrann ihr nicht mehr; er starb am 4. Juni 1039 zu Utrecht und ward zu Speyer in die Gruft gelegt. Nun wurde Heinrich deutscher König, ein strahlender Held von zweiundzwanzig Jahren, und nahm die Geschicke des Reiches in kraftvolle Hände.

Um die gleiche Zeit ging der deutsche Bischof Hartwig in Brixen mit Tod ab, und so war dieser Bischofsstuhl im äußersten Süden des Reiches der erste, den der junge König zu besetzen hatte.

Es war im späten Herbst, im Hoflager zu Ulm, ein heftiger Sturm brauste in den Wäldern auf den Höhen am Nordufer des

Donaustromes, auf allen Straßen kamen Reisige zugeritten, die aufgeboten waren gegen den Böhmen Bratislav, als der König ihm, seinem Kaplan, die Ernennung kundtat und die Urkunde hierüber in die Hand gab – es wurde nicht viel geredet dabei, aber den Blick aus seinen klugen und energischen Augen, der ihn verabschiedete, hatte er nie vergessen können.

Keinen größeren Beweis seines Vertrauens hätte im übrigen der junge König dem Kaplan geben können – denn dieser konnte sich an höfischem Ansehen mit den vielen adligen und reichen Anwärtern auf Bischofssitze nicht messen, er stammte von gemeinen Eltern ab, besaß keine Reichtümer und konnte für die Verleihung des Bistums nichts bezahlen in den königlichen Schatz und bekleidete auch kein hohes kirchliches oder weltliches Amt, das ihn dem König hätte empfehlen können.

Die nächsten Jahre sahen Poppo selten in Brixen, sondern zumeist im Heeresgefolge des Königs, der nach vielen Seiten die Feinde des Reiches abwehren mußte. Zumal nach Ungarn begleitete er, „ein kräftiger Mann in den besten Jahren", Heinrich, bei dem er gar wohl gelitten war, auf mehreren Zügen.

Wenn er es sich richtig überlegte, hatte der holde Friede auch damals, wie immer, erstaunliche Preise, und die Möglichkeit, sie mit Eidesschwüren auszugleichen, war nicht eben groß, die Eide mußten in jedem Falle geleistet werden.

Eingebrannt in sein Gedächtnis haftete das Jahr 1043. An Pfingsten war er in Regensburg zum Heereszug des Königs gestoßen, der nach Ungarn unterwegs war, nach dem erfolgreichen Vorstoß bis zum Flusse Raab ging es wieder die Donau aufwärts bis Pechlarn. Dort wurde eine Rast eingelegt, und er konnte manche Vergünstigung für sein Bistum als Belohnung für seinen Kriegsdienst in Empfang nehmen. Dann stieg er wieder zu Pferd und ritt mit nach Besançon, wo der König seine Braut abholte, die Aquitanierin Agnes. Er folgte weiterhin dem Zug bis Mainz – dort wurde Agnes zur Königin gekrönt –

und nach Ingelheim, wo die Hochzeit gefeiert wurde. – Und da war es immer erst November, als er vom königlichen Lager Abschied nahm.

Entlang den schützenden Hängen des Odenwaldes trug ihn sein Roß in das Neckartal, vorbei an Wimpfen und Heilbronn zur Geislinger Steige, nach ihr folgte er eine Strecke dem Lauf der Iller, später dem des Lech, dann suchte er den Ammergrund auf, den stillen, und ritt der Scharnitz zu, die tief vergraben lag im Schnee, und verhielt eine Weile oben auf dem Zirlerberg, um seinen Blick zu sättigen am Zauber der Welt, die sich vor ihm ausbreitete. Drunten im Inntal erreichte er dann die Grenze seines Bistums. Durchs Tal der Sill, den nördlichen Teil des alten Norigaus, zog er die Brennerstraße hinauf – eine prächtige, alte, etwas verwegene Straße, auf die man sich auch im Winter verlassen konnte.

Um das Jahr 200 – sie machte also zu Poppos Zeiten schon achthundert Jahre Dienst – hatte sie der römische Soldatenkaiser Septimius Severus erbaut, auf ihr hatten die römischen Truppen für immer Rätien verlassen, auf ihr waren die Bajuwaren ihnen gefolgt und hatten sich im Brixener Tal angesiedelt, dem Poppo nun, vom Brennersee dem Lauf des Eisack abwärts folgend, zueilte. Es ist ihm nicht anders ergangen als jedem vor ihm und nach ihm: klopfenden Herzens und verhaltenen Atems tauchte er in die Seligkeit dieser Landschaft, die zustandegekommen ist, weil Gott die kreißende Erde angehalten hat, als er einen Blick hierher warf und den herrlichen Faltenwurf gewahr wurde.

Sterzing kam langsam auf ihn zu, und einen halben Tag später war er wieder daheim in seinem Bischofssitz, dem Hof zu Brixen. Ansehnlich war der eben nicht. Aber was bedeutet das für ein Herz, das einmal das Glück und die Kraft des *Daheim* gespürt hat.

Damasus legte nun seinen Gedanken, die ungestört kamen und gingen, Zügel an. Er wollte jene Tage festhalten, in denen er entschlossen war, Herrendienst und Hofdienst mit ihrer Unruhe abzutun und sich behaglich einzurichten in dem abgelegenen Bergland, inmitten seiner baierischen Landsleute. Es war schön, auf diesem Fleck Erde zu leben. Zeitig im Jahr fand sich der Frühling ein, wo er, behütet von den Bergen, den Sarntalern und Pustertalern, seine fröhlichen Schätze an Blumen und Blüten und seligen Wiesen ausbreiten konnte. Der Sommer war dort zu Hause wie nirgends im Reich, auf den Almen rundum war fröhliches Leben, der späte Herbst schüttete sich aus an Früchten und Farben und rief zum hohen Waidwerk, und der Winter spielte mit der Sonne, daß es eine Freude war. Die Menschen hatten bei richtiger Arbeit, was sie brauchten, sie saßen auf ihren Höfen im Tal und auf den Bergen, und konnten zufrieden sein, wie ihr Domstift, das sie nicht bedrückte. Wer über den Brenner kam oder aus Italien zu ihm hinauf wollte, zahlte seinen Zoll und war seines Weges sicher. Die Herren und Grafen auf ihren Burgen über dem Tal hielten Frieden mit dem Bischof, der Erzbischof von Salzburg, sein Metropolitan, war weit, und der König hatte seine großen Sorgen mit den Ungarn, den Lothringern und Sachsen und dachte nicht an Brixen, wo Poppo nun ein paar ruhige Jahre, die schönsten seines Lebens, beschieden waren.

Ein Glück von kurzer Dauer! – Schon nach zwei Jahren mußte er den König begleiten auf seinem Romzug und teilnehmen an der Kaiserkrönung.

Noch einmal glaubte er zur Ruhe gekommen zu sein, als er sich nach einem Winter stürmischer Ereignisse vom Kaiser in Brixen verabschiedete und den Heereszug auf der Straße nach Sterzing verschwinden sah. Er hatte Rom zum ersten Mal erlebt und hatte für sein Teil ein für allemal genug davon.

Noch lag der Schnee auf den Bergen, und kalt wehte der Wind am Morgen und des Abends von den Hängen – aber untertags hatte die Sonne Kraft zu wärmen, und im Tal leuchtete schon der weiße und blaue Krokus, es konnte nicht mehr fehlen, bald kam der Föhn und mit ihm der brausende Frühling. Er spürte es tief im Herzen und war glücklich.

Indessen, als der Sommer zu Ende ging, kam der vom Kaiser im vergangenen Jahr berufene Papst Clemens II. des Weges, der nach seinem Bistum Bamberg geschaut hatte, kehrte bei ihm zu und blieb kurze Zeit zu Gaste. Bald darauf, am Abend eines trüben Regentages, traf ein eiliger Bote am Hofe zu Brixen ein mit der Nachricht, der Papst sei auf dem Wege nach Rom, im Kloster des heiligen Thomas bei Pesaro, südlich Rimini am adriatischen Meer, eines plötzlichen Todes verschieden. Die Überführung seiner Leiche nach Bamberg stand dem Bischof von Brixen zu, und da gab es nun wieder reichliche Arbeit und Sorge. Zu Weihnachten aber konnte er dem Kaiser im Hoflager zu Pöhlde im Harz melden, daß der Papst würdig bestattet und alles glücklich vollbracht war.

Gerade zu dieser Zeit traf dort eine römische Gesandtschaft ein, die den Kaiser bat, zu bestimmen, wer jetzt Papst werden solle. Sie berichtete, wie es in Rom aussah. Benedikt IX. war auf die Nachricht vom Tode Clemens II., die Stunde nützend, unverzüglich mit ungeschwächter Tatkraft von seinem Bergnest Tusculum herabgestiegen, mit einer bewaffneten Schar in Rom eingebrochen und hatte sich in den Besitz des Laterans gesetzt – unbehindert vom Markgrafen Bonifacius, der als Stellvertreter des Kaisers berufen war, sich ihm zu widersetzen.

Der Kaiser hatte sich den Bericht und die Anregungen für die Wahl des neuen Papstes angehört, hatte das Hoflager in Pöhlde abgebrochen, war mit dem Gefolge nach Ulm geritten und hatte dort kundgetan, daß er Poppo zum Papst bestimmt habe – das geschah am 25. Januar des Jahres 1048.

Damasus schauerte, da er an diese Stunde dachte, die sein Leben mit der Wurzel aus seinem Grunde riß. Daß ihn der Kaiser nicht besser kannte! Ohne drängenden Ehrgeiz, ohne Machtverlangen, hatte er nach dem Stuhl Petri nie Verlangen getragen. Die Stadt Rom und ihre aufgeregte und unruhebedürftige Bevölkerung war ihm zuwider, und Herr der Christenheit zu werden und der Stellvertreter Christi auf Erden, das konnte ihn nicht verlocken in einer Zeit, da die Christenheit seit langem sich um den Papst so wenig kümmerte, als er um sie, da das Papsttum eine rein weltliche Angelegenheit geworden war, dessen Macht die Bischöfe, die Stadt Rom, italienische, französische, lothringische Grafen und nicht zuletzt die Kaiser sich untertänig machen wollten. Sein geliebtes, bescheidenes, ruhiges Brixen, seine Landsleute, unter denen er etwas galt, sollte er verlassen und in das tobsüchtige Rom ziehen, unter diese Ränkeschmiede von Kardinälen und Hofgeistlichen und römischen Grafen, von denen keiner dem andern das nackte Leben gönnte, verschlagene und hinterlistige Welsche alle zusammen, aus den Bergen und ihrer reinen starken Luft hinunter in die hitzedampfende Campagna, aus dem sauberen Städtlein Brixen in das ungeordnete Steingewirr von Rom – nein, er hatte sich nicht gefreut und sich nicht erhoben gefühlt, als der Kaiser nun ausgerechnet ihn zum Papst bestimmte.

Freilich hätte er ablehnen können, und gezwungen hätte ihn der Kaiser sicherlich nicht, nach Rom zu gehen. Aber dazu hatte er das Herz nicht, als er vor Heinrich stand. Trug der nicht auch trotz seiner Jugend einen Berg von Lasten auf seinen Schultern? Hatte er dieses schmale Antlitz seit Jahren einmal fröhlich gesehen, wann hatten diese ernsten Augen unter der hohen Stirn zum letztenmal gelacht? Liebte er ihn nicht, diesen prachtvollen Kaiser, seinen Herrn, diesen strahlenden Helden, wie nur immer ein Mann Größe lieben kann?

So hatte er nicht widersprochen und sich schweigend gebeugt. Heinrich hatte es ihm gedankt und ihm das Bistum Brixen als Heimat belassen.

Poppo machte sich auf zur Fahrt nach Rom. Bonifacius von Toscana sollte ihn nach dem Auftrag des Kaisers mit einem Heereszug dorthin begleiten, zu ihm also ging zunächst der Weg.

Wieder ritt er zur Winterszeit das verschneite Lechtal aufwärts, über die Scharnitz hinunter zum Inn, durchs Norital über den Brenner heim nach Brixen. Dort hielt er nur kurze Rast.

Der toscanische Markgraf wollte von dem Zuge nach Rom nichts wissen. In Rom sei schon ein Papst, sagte er, und die Römer seien mit ihm zufrieden. Wenn jetzt ein anderer, noch dazu ein deutscher Papst komme, gebe es wieder nichts als Streit und Unruhen und Blutvergießen – und das ganz umsonst. Überdies sei er ein alter Mann und solchen Unternehmungen nicht mehr gewachsen. – Poppo gab sich keine Mühe, den Markgrafen umzustimmen. Unverzüglich ritt er den Weg, den er eben gekommen war, zurück und erreichte den Kaiser zu Regensburg. Er berichtete ihm, daß die Römer sich mit Benedikt abgefunden hätten, daß Bonifacius die Verhältnisse in Rom für genügend geordnet erklärt und deshalb das Geleite abgelehnt hätte. Seine Aufgabe, schloß er mit befreitem Herzen, sei demnach wohl erledigt, so daß er heimkehren könne nach Brixen.

Poppo hatte sich umsonst gefreut. Der Kaiser erklärte höchst ungehalten, Benedikt sei der gleiche verruchte Bösewicht, der er immer gewesen sei, die Römer seien eine verlotterte Gesellschaft und dem Markgrafen werde er schon beibringen, was er zu tun habe. Poppo solle neuerdings zu ihm gehen, und wenn er nicht augenblicklich gehorche und ihn, Poppo, nach Rom führe, komme er, der Kaiser, selbst.

Diesmal ritt er Schritt für Schritt den Brenner hinab, den Frühling auf der Höhe und den jungen Sommer im Tal sah er nicht, er wußte, daß er seinem Schicksal nicht mehr entrinnen konnte. Nach Brixen kam er zur Nacht – im Morgengrauen saß er schon wieder zu Pferd, und Bonifacius hatte nun keinen Einwand mehr, ihn schleunigst nach Rom zu bringen.

Auch das hatte er nun hinter sich – noch gellte das Geschrei in den Gassen Roms in seinen Ohren, noch hörte er die tükkisch beflissenen Füße der Zeremoniare in St. Peter um ihn herumschlürfen, noch spürte er mordbereite Blicke seinen Rücken abtasten.

Am 9. August, dreiundzwanzig Tage nach der Krönung zum Papst, raffte ihn ein plötzlicher Tod hinweg. Was ihn, der in der vollen Kraft seiner Jahre stand, gefällt hatte, ist nie ans Licht gekommen, aber kaum jemand hat gezweifelt, daß er mit Gift gemeuchelt worden ist. Das war zu jener Zeit in Rom ein natürlicher Tod.

Sein Leichnam wurde bestattet in der Kirche des heiligen Laurentius, die außerhalb der Stadtmauern Roms gelegen war an der Straße nach Tivoli. Von seinem Grab ist jede Spur verschwunden.

In der Geschichte der deutschen Könige und Kaiser ist nicht weiter von ihm die Rede. In der Geschichte der Päpste taucht seine Gestalt in den Wirbeln eines tobenden Sturms nur für einen kurzen Augenblick auf. Der Chronist des Bistums Brixen hat von ihm aufgeschrieben, daß er ruhig und segensreich regiert, den Besitzstand des Domstiftes vermehrt und der Kirche zu Brixen ein wertvolles Altartuch und eine Reliquie der heiligen Agnes aus Italien zugesandt hat.

Seine Heimat aber hat sein Andenken auf eine seltsame Weise aufbewahrt. Bei Ering am Inn, eine halbe Wegstunde nordwestlich davon, wo an einer Geländestufe des linken Stromufers bewaldete Hügel ansteigen, liegt eine alte Bauernsiedlung mit einer Kapelle: Pildenau. Dort ist Papst Damasus II. geboren, sagt eine Überlieferung, die sich in der Gegend erhalten hat. Freilich: richtig beweisen läßt sich das nicht, es fehlt durchaus an Quellen. Diese wissen nur, daß er ein Baier war, und das bedeutet für die damalige Zeit immerhin die Herkunft aus dem Lande, das man heute Altbayern nennt. Pildenau gehört da hinein.

Die Quellen sagen dann noch, daß er von gemeinen Eltern

herkam – von Bauern also. Bayerische Bauern sitzen heute noch in der Gegend von Pildenau, wie sie ohne Unterbrechung die neunhundert Jahre seit den Tagen des Damasus und schon vierhundert Jahre vorher dort gesessen sind. In diesen dreizehnhundert Jahren haben sie sich um ihren Erdenflecken wehren müssen mit Zähnen und Klauen, gegen den Inn, gegen den Wald, gegen Dürre und Fröste, gegen Unwetter und Seuchen, gegen Hunger und Pest, auch gegen die Menschen, gegen diese vor allem. Aber sie haben sich gehalten, und sie bezeichnen heute noch den Papst Damasus als den ihrigen, die Geschichtsforscher können sie darin nicht irremachen. Für sie gilt, daß er sich, als Kaplan am königlichen Hof, im Feld auf Kriegszügen gegen die Ungarn, als Bischof unter seinen Landsleuten benommen hat, wie es ihrer – seiner – Art gemäß war, und daß er sich nie vorne hingedrängt hat. Wer könnte richtiger als sie würdigen, was es bedeutet, daß er im Schaufenster der Weltgeschichte von Macht und Glanz, davon der Stuhl Petri zu jeder Zeit überreiche Möglichkeiten anbot, sich nicht bezaubern ließ, sondern in der ersten Stunde, da es möglich war, aus Rom fort und in die Stille und in den Tod gegangen ist, der ihm nicht zweifelhaft sein konnte.

Anhang

Zeittafel zu Leben, Werk und Nachwirkung

1884: Wilhelm Diess wird am 25. Juni 1884 um 1/2 2 Uhr morgens im alten, 1818 erbauten Schulhaus von Höhenstadt bei Passau (ab 1925 Bad Höhenstadt) geboren und am selben Tag getauft. Im Taufbuch wird der Familienname mit „ß" geschrieben, seit den 20er Jahren verwendet Diess die Schreibung mit „ss". Der Vater Johann Nepomuk Diess (1845-1902), bei der Geburt des Sohnes 39 Jahre alt, ist seit 1879 Lehrer und Schulleiter im Ort und versieht daneben den Gemeindeschreiber- und Kirchendienst, wozu auch die Kirchenmusik gehört. Die Mutter, Maria Diess, geborene Hack (1847-1915) ist 37 Jahre alt und hat im Schulhaus einen kleinen Laden eingerichtet, in dem sie Hafnerware zum Verkauf anbietet. Wilhelm Diess hat zwei ältere Schwestern, die später Volksschullehrerinnen werden. Die große Schwester, Maria, ist 10 Jahre älter als er, vor allem mit der kleineren, Elise, die nur 1 1/2 Jahre älter ist, verbringt er die frühen Jahre der Kindheit in dem beschaulichen niederbayerischen Dorf, das aber durch den lebhaften Betrieb in dem bekannten Schwefel- und Moorbad doch etwas ganz besonderes aufzuweisen hat und für den aufgeweckten Buben viel „Anschauungsunterricht für das Leben" (Lebensbericht) bietet.

1890: Johann Nepomuk Diess wird als Lehrer und Schulleiter nach Pocking versetzt. Wilhelm Diess besucht dort bis 1894 die Volksschule und bekommt vom Vater zusätzlich Unterricht in Gesang, Klavier und Geige.

1894: Wilhelm Diess tritt in das Humanistische Gymnasium

Passau (heute „Leopoldinum") ein. Das Heimweh plagt ihn dort so sehr, daß er nach Erhalt einer Schulstrafe in einer Winternacht nach Pocking zurückläuft, in die „Zeit unbeschwertesten Glückes" („Heimweh"). Im Jahreszeugnis 1894/95 ist zu lesen, daß das Betragen des Schülers „nicht tadelfrei" gewesen ist. „Der Schüler erhielt eine Rektoratsstrafe wegen Unterschriftfälschung und eine zweite wegen Raufens vor der Klasse und Fälschung des Wortlautes in einem Strafzettel."

1895: Wilhelm Diess kommt nach Landshut auf das Kgl. Humanistische Gymnasium, untergebracht ist er im Internat, dem Kgl. Studien-Seminar, wo er sich ab 1901 als Organist an der Studienkirche betätigt. Auf den Programmzetteln für Schulfeierlichkeiten in diesen Jahren findet sich der Name „Diess" immer wieder, als Klavier- und Violinspieler wie auch als Sänger. Ab 1902 ist Diess Stadtschüler und wohnt, wie Alfons Beckenbauer erforscht hat, in der Schirmgasse 270 bei der Gendarmeriekommandanteurswitwe Wackerbauer. Alfons Beckenbauer hat auch die Landshuter Schulzeugnisse von Wilhelm Diess untersucht. Danach waren seine Leistungen in den unteren Klassen durchwegs gut bis sehr gut, fielen in der Mittelstufe dann ab, so daß die 6. Klasse (heutige 10. Jgst.) wegen ungenügender Leistungen in Latein, Griechisch und Französisch wiederholt werden mußte. Aus den Gutachten der Klaßleiter: „In seinem Betragen zeigte sich außer verstecktem Mutwillen eine eigentümliche Scheu" (2. Klasse); Rüge für „das Unterfangen, einem Mitschüler in der Mathematikschulaufgabe unlautere Hilfe zuteil werden zu lassen." (4. Klasse); „Das sinnliche Temperament tritt bei ihm in den Vordergrund." (5. Klasse); „Für das Studium sowie für poetische Hervorbringung gut befähigt, bringt er beiden ein erfreuliches Interesse entgegen und was sein Verhalten in der Schule betrifft, so erwies er sich weit ernsthafter und angemessener, als der Ruf erwarten ließ, welcher ihm voranging." (7. Kl.); „Außerdem vertut er viel Zeit dadurch, daß er den Mädchen nachläuft und mit ihnen entweder zu Fuß oder zu Rad größere Ausflüge macht." (7. Klasse)

1902: Am 28.9.1902 stirbt der Vater und wird in Pocking begraben. Die Mutter zieht zu ihrem Sohn nach Landshut. Wilhelm Diess gibt Nachhilfeunterricht, um die bescheidene Witwenpension der Mutter, 42 Mark im Monat, aufbessern zu können. Für ein „Maifest" des Gymnasiums am 27. Mai 1903 verfaßt Diess einen Prolog, den er auch selbst vorträgt.

1904: Wilhelm Diess macht sein Abitur. In seinem Zeugnis steht: „Unter seinen schriftlichen Prüfungsaufgaben hat der deutsche Aufsatz mehr der Form als dem Inhalt nach entsprochen; in der Religion erzielte er gute, in der Mathematik genügende und in den übrigen Gegenständen gute Leistungen. Während seines Aufenthalts an der Schule hat sein Fleiß befriedigt, das Betragen war tadellos." Er entschließt sich, Rechtswissenschaft zu studieren, nachdem ein Verwandter, ein Ministerialrat im Kgl. Bayerischen Finanzministerium, ihm ausdrücklich von diesem Studium abgeraten hatte, weil dieses Studium zu lange dauere und Diess weder Verbindungen noch Geld habe.

1904: Wilhelm Diess schreibt sich an der Universität München für Rechtswissenschaft ein, hört aber auch Vorlesungen über altorientalische und altnordische Sprachen. Er wohnt bei seiner Mutter in einer Dreizimmerwohnung in einem Rückgebäude in der Türkenstraße. Zwei der Räume werden an Studenten untervermietet. Diess selbst gibt weiter Nachhilfestunden und verdient durch Geige- und Orgelspiel sowie Singen in Kirchenchören, später auch im Opern-Aushilfs-Chor, etwas hinzu. „Immerhin verblieben mir wöchentlich 2 Mark Taschengeld." (Lebensbericht) Vom üblichen Hörgeld ist er befreit, vom Militärdienst wird er, als einziger Sohn einer Witwe, zurückgestellt und der Ersatzreserve zugewiesen.

1908: Zum ersten überhaupt möglichen Termin macht Diess sein Universitäts-Schlußexamen und bekommt ein Stipendium, das Konrad von Maurer'sche Stipendium, das er zum Promovieren verwendet.

1909: Der „Rechtspraktikant am K. Landgerichte München I, Wilhelm Diess aus Höhenstadt" wird am 28. Mai 1909 zum Dr. jur. approbiert, nachdem er seine Dissertation der Juristischen Fakultät der Friedrich-Alexander-Universität zu Erlangen vorgelegt hatte. Das Thema der Doktorarbeit lautet „Das Reichs-Vereinsgesetz vom 19. April 1908 und das Bayerische Vereinsgesetz vom 26. Februar 1850/15. Juni 1898. Eine Vergleichung" und umfaßt 59 Seiten. Michael Kobler hat 1981 die Dissertation von Wilhelm Diess analysiert, attestiert ihr „Scharfsinn und Gründlichkeit" und hebt hervor: „Diess sieht ‚einen begrüßenswerten Fortschritt' im neuen Reichs- gegenüber dem älteren Landesrecht darin, daß sich Frauen nunmehr ohne Schranken an Vereinen und Versammlungen beteiligen können. Er begrüßt auch, daß politische Vereine nicht mehr dazu verpflichtet sind, ‚der Distriktsbehörde auf Verlangen jede auf die Satzung bezügliche Auskunft zu erteilen' und daß die Voraussetzungen für die Auflösung von Vereinen enger gefaßt und präzisiert wurden. Auch die Regeln für den Ablauf von Versammlungen ‚sind zum großen Teil für Bayern Neuerungen und zwar im fortschrittlichen Sinn'. Ebenso beurteilt Diess mit eingehender Begründung die Strafbestimmungen des neuen Gesetzes. Dagegen bedauert er, daß noch immer nicht die Versammlungs- und Vereinigungsfreiheit jedermann garantiert wird, diese durch Dienstverträge eingeschränkt werden könnte. Er hofft, ‚daß die Praxis Dienstverträge, die derartige Bestimmungen enthalten, für nichtig erklären wird'. Im Auge hat er ‚die Rechtsstellung der wirtschaftlich Schwachen'. In diesem Sinne kritisiert er, daß ‚Versammlungen der landwirtschaftlichen Arbeiter, der Handwerker, der Innungen etc.' nicht von der Anzeigepflicht befreit wurden. Solche Ausstellungen stehen dem Gesamturteil nicht im Wege: ‚Unverkennbar bezeichnet das RVG gegenüber dem BVG einen Fortschritt'. Nicht ganz an Aktualität verloren hat die Beobachtung: ‚Vollkommen ist das RVG keineswegs; es ist ein Kompromißgesetz, und hat manche typische Schwäche eines solchen'. Die Tatsache, daß die gesetzgebenden Faktoren, insbesondere die politischen Parteien, in ihren ‚Interessen allzusehr mit der zu regelnden Materie verknüpft sind, hat verhindert, daß das RVG jenen Grad der Vollendung erreicht hat, den einzelne neuere Reichsgesetze aufweisen'."

Während des Vorbereitungsdienstes an den Münchener Gerichten und Behörden kann Diess schon bald bei dem angesehenen Rechtsanwalt und Schriftsteller Dr. Max Bernstein als „Konzipient" eintreten, was ihm 120 Mark Monatsgehalt einbringt.

1911: Diess macht das Staatsexamen, was er im Lebensrückblick so kommentiert: „Staatskonkurs, ohne Zeit vorher zu konzentrierter Vorbereitung. Ergebnis: gut – die Richterlaufbahn stand mir offen." Vom 15.12.1911 bis zum 7.6.1912 ist Diess als Konzipient bei Rechtsanwalt Dr. Wilhelm Rosenthal beschäftigt. Am 8.6.1912 bekommt er vom Präsidenten des K. Landgerichts München II die Zulassung zur Rechtsanwaltschaft. Schon im April 1913 wird Diess zur Staatsanwaltschaft des Landgerichtes Traunstein einberufen, er lehnt aber ab, da er nicht Beamter werden will, sondern freier Rechtsanwalt.

1914-18: Kriegsdienst, vorwiegend an der Westfront; verschiedene Verwundungen und militärische Auszeichnungen; zu Beginn des 1. Weltkriegs kommt es zur ersten selbständigen, literarischen Veröffentlichung. „Feldblumen. Anspruchslose Lieder.", gedruckt von Herrosé und Ziemsen, Wittenberg. Die 47 Seiten umfassende Sammlung enthält Lieder, deren Melodien und teilweise auch die Texte von Wilhelm Diess stammen. 5.3.1915: Tod der Mutter Maria Diess in München; 18.7.1918: W. Diess heiratet in Hamm (Westfalen) die zwanzigjährige, in Essen geborene Elisabeth Gerson (26.6.1898 - 16.3.1980) aus Hamm in Westfalen; die Ehefrau, Tochter von Justizrat Ernst Gerson und seiner Frau Lotte, geb. Papendieck aus Hamm, ist eine ausgebildete Geigerin, nebenbei auch Malerin und Radiererin. Am 26.10.1918 Wahl in den Vorstand der Münchner Anwaltskammer. (Diess bleibt bis 1933 in diesem Gremium; 1923-29 versah er das Amt eines stellvertretenden Schriftführers). Im Dezember 1918 wird Diess als Oberleutnant aus der Armee entlassen.

1919-1933: Geburt der drei Kinder Liselotte (Jg. 1919),

Johannes (Jg. 1920) und Ursula (Jg. 1922); W. Diess führt eine eigene, bald florierende Anwaltskanzlei in München und verzichtet endgültig auf die staatliche Anstellung als Richter; neben der ihn sehr befriedigenden Tätigkeit als Anwalt beschäftigt sich Diess mit urheber-, theater- und standesrechtlichen Fragen, zu denen er mehrere Veröffentlichungen vorlegt; Robert Heinrich schreibt über diese Zeit: „Seine musischen Neigungen, vor allem seine Musikalität, und seine berufliche Spezialisierung auf das Urheber- und Verlagsrecht brachten ihn dem Kreis der Münchener Musiker, Schriftsteller und Verleger näher. Er war es, der den Dichter Ernst Penzoldt in dem berühmt-berüchtigten Prozeß um die Novelle ‚Etienne und Luise' gegen den nationalistisch verrannten Turnlehrer Loch vor den Gerichten vertrat." Der Prozeß, der von 1929 bis 1932 dauerte, wurde zwar verloren, er begründete aber die lebenslange Freundschaft zwischen Wilhelm Diess und Ernst Penzoldt.

Für die Bayerische Staatsregierung und die Reichsregierung nimmt Diess als Vertreter der Anwaltschaft an Juristentagungen im Ausland teil; außerdem bekleidet er Ehrenämter verschiedener Art (z.B. als Syndikus des Reichsverbandes bildender Künstler), hält sich aber von parteipolitischem Engagement fern. Als Diess in den 20er Jahren seinen Regimentskameraden Adolf Hitler zufällig auf der Münchner Ludwigsstraße trifft und dieser ihn einlädt, doch eine seiner Parteiversammlungen zu besuchen, lehnt Diess dieses Ansinnen ab.

1925 kauft Wilhelm Diess einen kleinen Bauernhof, den Michlbauernhof auf der Eck bei Tegernsee, auf den er sich in der Freizeit zurückziehen und wo er auch selbst als Bauer tätig sein kann. Auf dem Hof sind oft viele Freunde aus der Gelehrten-, Dichter- und Künstlerwelt

Münchens und Umgebung zu Gast: u.a. die Herzöge Albrecht und Ludwig-Wilhelm aus dem Hause Wittelsbach, der Volksliedersammler Kiem Pauli, die Schriftsteller Ernst Penzoldt, Richard Billinger, Josef Hofmiller, Eduard Stemplinger, Ernst Rosmer (= Elsa Bernstein), der Maler Thomas Baumgartner, der Bildhauer Hans Wimmer, der Verleger Ernst Heimeran.
Den Höhepunkt großer (z.B. Heimatliederfest 4./5. Juni 1932) und kleiner Feste auf der Eck bilden immer wieder die Geschichten, die der Hausherr und Gastgeber Wilhelm Diess an lauen Sommerabenden auf der Bergwiese zum besten gibt. Einige Jahre später werden daraus die „Stegreif-Geschichten", sein erstes Buch.

1933-45: Nach dem Machtantritt der Nazis wird Diess nicht mehr als Vertreter der Anwaltschaft bei Juristentagungen zugelassen und verliert sein Amt im Vorstand der Münchner Anwaltskammer, da seine Ehefrau halbjüdischer Herkunft ist und er selbst – nach Robert Heinrich – einer Freimaurerloge angehört. Aufgrund dieser Tatsachen kommt er auch nicht für die Verleihung des Justizratstitels in Frage. Als Anwalt kann er weiterarbeiten und veröffentlichen. In verschiedenen Aufsätzen (z.B. Persönliche vergleichende Reklame, 1936; Die Übergangsregelung des Gesetzes zur Verlängerung der Schutzfristen im Urheberrecht, 1936; Die Neugestaltung des deutschen Urheberrechts, 1939; Die Ablaufklausel im Bühnendienstvertrag, 1940) vertritt Diess, worauf wiederum Michael Kobler hingewiesen hat, konsequent und mutig seine Meinung gegen die herrschende NS-Ideologie. –
Der Verleger und Freund Ernst Heimeran, einer der Zuhörer von der Bergwiese auf der Eck, der die Erzählungen des Wilhelm Diess mitunter ohne Wissen

ihres Schöpfers mitstenographieren ließ, kann diesen dazu bewegen, eine Buchfassung der Geschichten aus dem Stegreif zuzulassen. Zu Weihnachten 1935 kommt das Buch heraus, mit dem Erscheinungsjahr 1936: Stegreif-Geschichten, Ernst Heimeran Verlag München, 174 Seiten mit Zeichnungen von Fritz Fliege (d.i. Ernst Penzoldt), 26 Geschichten, die beweisen, „daß sie in einer Zeit des Lautsprecher-Gebrülls und der Großkundgebungen das echte und andere Bayern meinten" (Benno Hubensteiner). Die Erstausgabe der „Stegreif-Geschichten" enthält folgende Texte: In der Wachau, Es brennt, Der Pfarrer von Höhenstadt, Die Marbauernbuben, Wie wir das erstemal Fußball spielten, Der Schüler Stefan, Das Zahnweh, Verzula, Die gefrorenen Stiefel, Das Bombardon, Das blaue Licht, Der Loipertshamer, Die ungastliche Wirtschaft, Wespen, Ewige Rauferei, Und bums, Gesangsunterricht, Die jungen Infanteristen, Straffeuer, Der Schmied von Galching, Die Halsbinde, Reitunterricht, Das Motorrad, Der echte Piloty, Ein guter Mann, Das Knäblein.

1940 kommt dann das zweite Buch von W. Diess heraus, nunmehr am Schreibtisch entstanden: Das Heimweh. Ernst Heimeran Verlag München, 140 Seiten mit 9 Geschichten: Heimweh, Der Heilige Geist, Die guten Fürbitter, Ikarus, Das Geständnis, Aus dem Krieg, Der Blitz, Der Schafhammel, Zwischen Donau und Inn.

1943: Aus einer Eidesstattlichen Erklärung von Wilhelm Diess (9.1.1946): „An Ostern 1943 wurde ich, ich war damals als Rechtsanwalt bei den Münchener Gerichten tätig, von dem Präsidenten des Oberlandesgerichtes dem Arbeitsamt zum Kriegseinsatz freigegeben. Daraufhin wurde ich von dem Direktor des Münchener Arbeitsamtes, den ich bis dorthin nicht kannte, angerufen und zu einer Besprechung bei ihm eingeladen. Das war dann die erste Besprechung von einer ganzen Reihe, die ich im Laufe der nächsten 1 1/2 Jahre mit ihm hatte. Der Direktor des Münchener Arbeitsamtes war Herr Dr. Adam. Er hat sich meiner Sache mit leidenschaftlicher Wärme angenommen, hat mich dauernd über den Hergang der Dinge auf dem Laufenden gehalten und hat mich, solange es ihm irgend möglich war, vor dem Einsatz in der Kriegswirtschaft, der O.T. und zu niederer körperlicher Arbeit geschützt. Schliesslich wurde das Verfahren gegen mich ihm aus der Hand genommen und der Gestapo übergeben, jedenfalls wurde die Angelegenheit vom Oktober 44 ab von einem Mann namens Paulus behandelt, der angeblich von der Gestapo war und über den Herr Dr. Adam, wie er mir sagte, keine Befugnisse hatte.

Herr Dr. Adam hat bei allen meinen Besuchen mit mir über die allgemeine Lage gesprochen. Jeder Zweifel darüber, dass Herr Dr. Adam ein aktiver Gegner der Partei war, ist für mich ausgeschlossen. Er hat nicht nur die Lage richtig beurteilt, – das haben viele getan – er hat auch danach gehandelt. Ich selbst und wie ich weiss eine Reihe anderer Männer und Frauen in gleicher Lage sind ihm wegen seines tatkräftigen Eintretens zu stetem Dank verpflichtet. Zu dem Verhalten des Herrn Dr. Adam gehört nicht nur ein warmes, sondern auch ein starkes und mutiges Herz."

1944: Diess soll Ende des Jahres nun doch zur „Organisation Todt" eingezogen werden, einer Spezialtruppe, die Aufgaben im militärischen Bauwesen übernommen hatte, er begibt sich stattdessen ganz auf die Eck, wo er mit Ehefrau Elisabeth und Tochter Liselotte den Hof selbst bewirtschaftet und auf das Ende des Krieges wartet.

Dem Präsidenten des Oberlandesgerichts München teilt er seinen „Umzug" folgendermaßen mit: „Da ich meinen landwirtschaftlichen Betrieb Michlbauernhof in Eck nun vollständig selbst bewirtschafte, bin ich derzeit ständig von München abwesend."

1945: Der bayerische Justizminister Dr. Wilhelm Högner bietet Diess als unbelastetem Mann, Nazigegner und -opfer am 27.7. den Eintritt in den bayerischen Justizdienst an, ein Angebot das Diess am 30.7.45 in einem Brief an Högner annimmt. Diess tritt im Rang eines Ministerialrats (Ernennung durch Ministerpräsident Dr. Wilhelm Högner am 21.12.1945) in das Bayerische Justizministerium ein, wo er die Reorganisation der bayerischen Anwaltschaft und des bayerischen Notariatswesens übernimmt. Obwohl er danach viel lieber in seinen Anwaltsberuf zurückkehren möchte, läßt man ihn nicht ziehen und versetzt ihn mit Wirkung vom 1.6.1946 ans Kultusministerium als Generaldirektor bei der Generalintendanz der Bayerischen Staatstheater. Diess hat sich um den Wiederaufbau der Bühnenhäuser zu kümmern, um ihre Intendanten, Schauspieler, Sänger und Spielpläne. Mit Wirkung vom 31.8.1952, also mit über 68 Jahren, wird Diess als Ministerialrat in den Ruhestand versetzt.

1946: Diess lehrt an der Universität München das Fach Urheber- und Erfinderrecht, seit 27.1.1950 als Honorarprofessor. Seine Vorlesungen werden von Hörern aller Fakultäten gerne gehört, nicht nur von den angehenden Juristen.
Raimund Eberle, der spätere Regierungspräsident von Oberbayern, rühmte in einem Aufsatz 1984 das rhetorische Geschick des Wilhelm Diess, ebenso wie ein ande-

rer Jurist, Dr. Ferdinand Vohburger aus Oberschleißheim, in einem Brief vom 15. August 1999 an den Herausgeber: „Weil Diess nicht nur ein hervorragender Kenner seiner Rechtsmaterie, sondern ein brillanter Rhetoriker und vor allem Mensch, Humanist im allgemeinen Sinn, war, stauten sich die Hörer bei seinen Vorlesungen. Insofern etwa vergleichbar (später) mit Guardini. [...] Für uns Diess-Seminaristen sprachen ein E. Penzoldt oder ein Ortega y Gasset." (s. auch die in diesem Band weiter hinten abgedruckten Erinnerungen von Raimund Eberle an den Professor Diess, verfaßt im Herbst 1999, die dem Herausgeber vom Verfasser freundlicherweise zur Verfügung gestellt wurden sowie die Erinnerungen von Dr. Walter Dieck im Band „Ein eigener Mensch").

1947: Wilhem Diess' drittes Buch erscheint: Der kleine Stall, Heimeran Verlag München, 120 Seiten, 7 Geschichten: Der kleine Stall, Im beginnenden Auswärts, Die Frau Bas, Die Konkurrenz, Leichenbegängnis, Der Schmied Dirian, Der Dori geht zum Herrn.

1948: Diess wird ordentliches Mitglied der Bayerischen Akademie der Schönen Künste, in deren Abteilung Schrifttum er als gewählter – nicht ernannter – Direktor fungiert. Im selben Jahr wird er erstmals zum 1. Vorsitzenden des Bayerischen Landesvereins für Heimatpflege mit der Landesstelle für Volkskunde berufen, ein Amt, das er bis 1956 innehatte.

1950: W. Diess' viertes Buch erscheint: Der singende Apfelbaum. Ernst Heimeran Verlag München, 93 Seiten. 8 Geschichten: Der singende Apfelbaum, Der kurbairische Füsilier, Madeleine Winkelholzerin, Der Optiker

Lindinger, Tiberius scherzt, Ein eigener Mensch, Lobet den Herrn, Auf der Himmelsleiter.

1954: W. Diess' fünftes Buch erscheint: Madeleine Winkelholzerin. Schicksal eines liebenden Herzens. Ernst Heimeran Verlag München, 80 Seiten.

1955: Der Michlbauernhof auf der Eck muß aus gesundheitlichen Gründen verkauft werden; Diess zieht mit Frau Elisabeth in ein kleines Haus in München-Englschalking. – Sein Geburtsort Bad Höhenstadt – seit 1972 zur Marktgemeinde Fürstenzell gehörig – ernennt Diess zum Ehrenbürger.

1956: Wilhelm Diess bekommt im Juni von Bundespräsident Theodor Heuss das Große Verdienstkreuz des Verdienstordens der Bundesrepublik Deutschland verliehen und wird Ehrenmitglied des Bayerischen Landesvereins für Heimatpflege.

1957: Am 13. September stirbt Wilhelm Diess in einer Münchener Klinik, am 17. September wird er auf dem alten Friedhof der St.-Georgs-Kirche in München-Bogenhausen beerdigt. Dort fanden noch viele andere prominente Persönlichkeiten ihre letzte Ruhestätte: u. a. Erich Kästner, Annette Kolb, Liesl Karlstadt, Oskar Maria Graf, Hans Knappertsbusch, Rainer Werner Fassbinder, Hans Schweikart, Helmut Fischer (= „Monaco Franze").

1962: Die Landeshauptstadt München benennt im Oktober in Englschalking einen Weg nach Wilhelm Diess. (Dieser Weg ist auch im antifaschistisch-demokratischen Straßenverzeichnis Münchens aufgenommen; vgl. Friedrich Köllmayr, Unser München. Antifaschistischer Stadtführer.

Frankfurt am Main 1983, S. 80) Straßenbenennungen nach Wilhelm Diess gibt es inzwischen u. a. in Aidenbach, Kößlarn, Landshut, Passau, Pocking und Simbach am Inn.

1976/77: Im Münchner Kösel-Verlag erscheint eine 4-bändige Wilhelm Diess-Ausgabe, Das erzählerische Werk in Einzelausgaben, hrsg. von Friedhelm Kemp.

1982: Die Staatliche Bibliothek Passau zeigt vom 17. bis zum 30. Juli die Ausstellung „Wilhelm Diess – Ausstellung im 25. Jahr nach seinem Tod", zusammengestellt von Paula Wachtfeichtl.

1983: Am 25. Juni wird in Bad Höhenstadt eine Bronzebüste von Wilhelm Diess enthüllt, geschaffen von seiner Tochter, der Irschenberger Bildhauerin Ursula Kemser-Diess.

1984: Zum 100. Geburtstag wird an verschiedenen Orten Bayerns (u.a. Bad Höhenstadt, Pocking, Passau, Landshut, München) in Veranstaltungen an den Dichterjuristen W. Diess erinnert sowie in Presse, Rundfunk und Fernsehen über ihn und sein Werk berichtet.

1985: Auf der Literaturliste für die 9. Jahrgangsstufe des Lehrplans Deutsch für die Bayerische Hauptschule wird die Geschichte „Mai 1945" von Wilhem Diess aufgeführt. Daneben befinden sich auf dem Lektüre-Kanon dieser Jahrgangsstufe Gedichte von Ingeborg Bachmann, Andreas Gryphius, Heinrich Heine, Reiner Kunze, Conrad Ferdinand Meyer und Friedrich Schiller sowie Prosatexte von Konrad Adenauer, Ludwig van Beethoven, Bertolt Brecht, Anne Frank, Albert Schweitzer, Siegfried Sommer und Ludwig Thoma. –

Geschichten von Wilhelm Diess sind in verschiedenen Schul-Lesebüchern aufgenommen, z. B. „schwarz auf weiß", Gymnasium, 6. Jahrgangsstufe (Schroedel Verlag Hannover) und „Lesestraße. Lesebuch für die 6. Jahrgangsstufe" (Bayerischer Schulbuch-Verlag München).

1986: Am 6. März 1986 verleiht der bayerische Staatsminister für Unterricht und Kultus, Prof. Dr. Hans Maier, dem Gymnasium Pocking mit Wirkung vom 1.8.1986 den Namen „Wilhelm-Diess-Gymnasium Pocking". Am 18.7.1986 findet in Pocking ein Festakt zur Namensverleihung statt, wozu auch eine Festschrift erschienen ist.

1994: Unter dem Titel „'Zwischen Donau und Inn ... Dort liegt die Heimat, von der ich rede.'" bringt die Passauer Tonträgerproduktionsfirma Symicon eine CD heraus, auf der sechs Wilhelm-Diess-Geschichten zu hören sind, die der Autor in den fünfziger Jahren für den Bayerischen Rundfunk gelesen hat.

2000: Im Töpfl-Verlag, Tiefenbach bei Passau erscheint ein Auswahlband mit Geschichten von Wilhelm Diess mit dem Titel „Ein eigener Mensch". Das Werk liegt inzwischen in der dritten Auflage vor.

Regierungspräsident von Oberbayern a.D. Raimund Eberle:
Erinnerungen an Wilhelm Diess

(Vorgetragen beim „Herbst-Operator"-Anstich der Freunde des Nationaltheaters e.V. am 19.11.1999 in der Schloßbrauerei Odelzhausen)

Im Wintersemester 1949 zog ich auf die Ludwig-Maximilians-Universität zu München, um mich zur Rechtsgelehrsamkeit zu bequemen.
Ein Anschlag am Schwarzen Brett der Juristischen Fakultät kündigte eine Vorlesung über das Urheberrecht an.
Damals hatte ich schon eine journalistische Karriere hinter mir: Herausgeber und Chefredakteur der Schülerzeitung des Traunsteiner Gymnasiums mit dem dafür seltsamen Titel MEPHISTO, die trotz ihres gottlosen Titels ihre größte Verbreitung am Institut der Englischen Fräulein in Sparz hatte. Im Radio München, Sender der Militärregierung, hatte ich Sendungen machen dürfen, eine sogar für einen amerikanischen Schulsender, und 500 Reichsmark Honorare verdient. Im Traunsteiner Kurier war meine Kritik eines Theaterstücks erschienen, das eine Mitschülerin unter dem beziehungsreichen Titel „Fünfa" geschrieben hatte; sie ist später eine Berühmtheit auf dem Theater geworden: Ruth Drexel, die Intendantin des Münchner Volkstheaters.
Wer möchte zweifeln, daß ich mir als richtiger Urheber vorkam und selbstverständlich diese Vorlesung hören wollte, schon um zu wissen, wie bei künftigen publizistischen Abenteuern – drei Bücher sind's inzwischen immerhin geworden – mit den Verlegern umzugehen sei.
Ein gewisser Wilhelm Diess hatte die Vorlesung angekündigt,

kein ordentlicher Professor, ein Honorarprofessor, aber, wie sich bald herausstellte, offenbar ein recht ordentlicher Mensch. Freundlichen Gesichtsausdrucks kam er in den Hörsaal, eine massige Gestalt, ein wuchtiger, nur an den Rändern haarumkränzter Schädel, ein kräftiger Schnauzbart. Wache Augen, wie sie der Historiker Karl Alexander von Müller nach seiner ersten Begegnung mit dem jungen Herrn Diess beschrieben hatte: „Sein Gesicht bewegte sich kaum, während er sprach, nur seine lebhaften, einfangenden Augen schauten einen unter gehobenen Brauen manchmal so groß erstaunt und fragend an, als ob er selbst verwundert wäre über all das Wunderliche und Wunderbare, in das man in diesem Leben unversehens hineingerät".
Dem urheberrechtsbegierigen Studenten bereitete der Beginn der Vorlesung eine Enttäuschung: „Meine sehr verehrten Damen und Herren," begann der Honorarprofessor die erste Stunde, „Sie haben sich also entschlossen, das Urheberrecht zu studieren. Da haben Sie recht, das ist ein ganz besonders interessantes Rechtsgebiet. Aber man kann es nur verstehen und richtig anwenden, wenn man von den Urhebern etwas weiß. Deswegen werde ich Ihnen zuerst einmal etwas von den Urhebern sagen, das Rechtliche kriegen wir dann schon."
Die Vorlesung geriet zu einem einzigartigen Kolleg über Kunst und Künstler, über Dichter und Schriftsteller besonders, glänzend formuliert, spannend und gemütvoll zugleich erzählt. Selbst Schülern guter bayerischer Gymnasien ging erst in dieser Juristenvorlesung auf, was Namen wie Johann Andreas Schmeller, Josef Ruederer, Lena Christ für die Kultur Bayerns bedeuten. Freilich verschwieg der Professor, daß er selbst ein bayerischer Schriftsteller von hohem Rang war, damals, in der bücherlosen Zeit, den jungen Leuten nicht bekannt, ein begnadeter Erzähler, unübertroffen in der Kunst, Schriftdeutsch zu schreiben und es doch altbayerisch klingen zu lassen mit vielen sprachlichen Wendungen, die nur von bayerischen Zungen

zu hören sind, in der Bildhaftigkeit der Darstellung, im nicht übereilten Fluß des Erzählens.

In den letzten Stunden des Semesters dann – man bedauerte es beinahe – kam Diessens Rede auf das eigentliche Thema der Vorlesung, Urheberrecht, in bestechender Klarheit, Übersichtlichkeit, Verständlichkeit, so daß viel mehr Juristisches hängen geblieben ist als von so mancher anderen Lehrstunde, in der es nur um Paragraphen gegangen war.

Am Ende einer Stunde sagte der Professor: „Ich hab' ein kleines Bauernsach' in der Nähe von Tegernsee, auf der Eck. Ich lade Sie ein, am Samstagnachmittag zum Kaffee zu kommen, ein Omnibus steht am Bahnhof bereit. Bloß, bittschön, bringen S' jeder seine Kaffeetasse mit, weil ich nicht so viele Tassen daheim hab". Leider habe ich diesen Ausflug versäumt, weil Solistenpflichten auf dem heimatlichen Kirchenchor zu erfüllen waren; solche, die dabei waren, erzählten, es sei ein unvergeßlicher Tag gewesen.

In diesen ersten Nachkriegsjahren mußten die Studenten, meist ihre Eltern, Hörgelder bezahlen. Wenn man eine sogenannte Hörgeldprüfung erfolgreich ablegte, konnte man davon befreit werden. Einer von uns, der als Oberleutnant der Artillerie im Krieg gewesen und aus der Gefangenschaft in Rußland heimgekehrt war, meldete sich bei Professor Diess zu dieser Prüfung. Der empfing ihn in seinem Büro, schaute ihn an und sagte: „San'S aber auch nicht mehr der Jüngste, Herr Kolleg'! Waren Sie im Krieg?" Der Student bejahte und mußte dem Professor ausführlich erzählen, wie es ihm ergangen war, im Kampf, in der Gefangenschaft, auf versuchter Flucht im Kohlengüterzug. „Naa, naa," sagte Diess kopfschüttelnd, „naa, wie man nur mit den Menschen so umgehen kann. Ja, Herr Kolleg', jetzt wünsche ich Ihnen halt viel Erfolg im Studium, dann wird's schon werden. Pfüat Gott, Herr Kollege!" „Danke, Herr Professor. Aber eigentlich..." Diess fuhr hoch: „A so, freilich, die Hörgeldprüfung!" Schnell nahm er den Zeugniszettel und unterschrieb, der Studierende habe die Hörgeldprüfung gut bestanden.

Eine der Vorlesungen hat keiner vergessen, der dabei gewesen ist. Es war ein trüber Novembertag, mit Licht wurde damals gespart, der Hörsaal lag im Halbdunkel. Wilhelm Diess kam zum Ende seiner Berichte über Kunst und Künstler, schon die zweite Stunde war von Johannes Gentzfleisch die Rede. Diess erzählte mit immer leiser werdender Stimme das traurige Ende Gutenbergs. Im Hörsaal herrschte fast atemlose Stille. In sie hinein sagte Diess: „Und so ist dieser edle Mensch, der der Menschheit soviel geschenkt hat, elendiglich zugrunde gegangen." Die letzten Silben waren kaum noch zu vernehmen, Tränen rannen über die vollen Backen und blieben im Schnauzbart hängen. Langsam zog er die braune Kollegmappe und den Hut mit der breiten Krempe heran, wandte sich zum Gehen und trat schweren Schrittes auf den Gang hinaus. Sonst endete jede Vorlesung mit dem akademischen Applaus, heftigem Klopfen mit den Fingerknöcheln auf die Bank. Diesmal rührte sich nichts, keiner sagte ein Wort. Erst als Diess im Dämmerlicht des Ganges verschwand, standen die ersten auf und gingen still zum Hörsaal hinaus.

Literatur über Wilhelm Diess (Auswahl)

Dieter Baur: Ein eigener Mensch. Ausgewählte Geschichten von Wilhelm Diess neu aufgelegt. In: Süddeutsche Zeitung, 6.7.2000;

Alfons Beckenbauer: „Für poetische Hervorbringungen gut befähigt". Ein Gedenkblatt zum 85. Geburtstag von Wilhelm Dieß, dem ehemaligen Schüler des Landshuter Gymnasiums. In: Verhandlungen des Historischen Vereins für Niederbayern. Landshut. 95 (1969), S. 5-10;

Helmut Behrens: Wissenschaft in turbulenter Zeit. Erinnerungen eines Chemikers an die Technische Hochschule München 1933-1953. München 1998;

Wolfgang Johannes Bekh: Dichter der Heimat. Zehn Porträts aus Bayern und Österreich. Regensburg 1984;

ders.: Vom Glück der Erinnerung. Dichter aus Bayern. München 2000;

Raimund Eberle: Erzählen, wie man eine Sense dengelt. Zum 100. Geburtstag des bayerischen Dichters Wilhelm Dieß. In: Unser Bayern, Juni 1984, S. 43-44;

Festschrift des Gymnasiums Pocking zur Namensverleihung Wilhelm-Diess-Gymnasium Pocking am 18. Juli 1986. Pocking 1986;

Freunde des Hans-Carossa-Gymnasiums e.V. Landshut: Heft

19/Juli 1984 (Das Heft enthält folgende Beiträge: Walter Pfaffenzeller, „Wilhelm Dieß und das Hans-Carossa-Gymnasium", S. 3-9; Alfons Beckenbauer, „'Für poetische Hervorbringungen gut befähigt'", S. 11-16; Ludwig Wiethaler, „Die Charakterzeichnung in den Erzählungen des Wilhelm Dieß", S. 23-46);

Hans Gärtner: Buchbesprechung zu „Ein eigener Mensch". In: Lichtung 14 (2001) H.4, S.51f;

Hans Göttler: Wilhelm Diess – Leben und Werk. Grafenau 1996. (= Sonderdruck aus „Heimat Ostbayern" Bd. 4/1989);

Harald Grill: Hohes literarisches Niveau. In: Passauer Neue Presse, 11.9.2000;

Wilhelm Hausenstein: Ausgewählte Briefe 1904-1957. Herausgegeben, eingeleitet und kommentiert von Hellmut H. Rennert. Oldenburg 1999, S. 297;

Heimat erleben – bewahren – neu schaffen. Kultur als Erbe und Auftrag. 100 Jahre Bayerischer Landesverein für Heimatpflege e.V. München 2002;

Robert Heinrich: 100 Jahre Rechtsanwaltskammer München. Festschrift zum 100. Jahrestag des Inkrafttretens der Rechtsanwaltsordnung vom 1. Juli 1878. Hrsg. von der Rechtsanwaltskammer für den Oberlandesgerichtsbezirk München. München 1979;

Bernt von Heiseler: Wilhelm Diess. In: Der Zwiebelturm. 12 (1957), H. 9, S. 233;

Benno Hubensteiner: „Die Heimat, von der ich rede". Zum 25.

Todestag des altbayerischen Erzählers Wilhelm Dieß. In: Schönere Heimat. 71 (1982), H. 4, S. 513-515;

Michael Kobler: Ein Jurist und Erzähler aus Niederbayern: Wilhelm Diess. In: Tradition und Entwicklung. Gedenkschrift für Johann Riederer. Hrsg. von Karl-Heinz Pollok. Schriften der Universität Passau. Passau 1981, S. 139-153;

ders.: Zum 100. Geburtstag von Wilhelm Diess. In: Beilage zum Amtlichen Schul-Anzeiger für den Regierungsbezirk Niederbayern. Nr. 5/ 1.12.1984, S. 1-15;

Lexikon der deutschsprachigen Gegenwartsliteratur seit 1945, hrsg. von Dietz-Rüdiger Moser, Bd. 1, München 1997, S. 233-234;

Günther Lutz: Die Stellung Marieluise Fleißers in der bayerischen Literatur des 20. Jahrhunderts. Frankfurt am Main 1979;

Hans Maier: Grußwort des Bayerischen Staatsministers für Unterricht und Kultus. In: Festschrift des Gymnasiums Pocking zur Namensverleihung Wilhelm-Diess-Gymnasium Pocking am 18. Juli 1986. Pocking 1986, S. 4-5;

Hans F. Nöhbauer: Kleine bairische Literaturgeschichte. München 1984;

Hans Pörnbacher u. Benno Hubensteiner (Hrsg.): Bayerische Bibliothek. Band 5. Die Literatur im 20. Jahrhundert. Ausgewählt und eingeleitet von Karl Pörnbacher. München 1981.

Karl Pörnbacher: Der Meister der Stegreifgeschichte. Vor 20 Jahren starb der bayerische Erzähler Wilhelm Dieß. In: Unser Bayern 26 (1977), S. 67-68;

Staatliche Bibliothek Passau: Wilhelm Dieß. Ausstellung im 25. Jahr nach seinem Tod. 17.-30. Juli 1982, ungedruckt, zusammengestellt von Paula Wachtfeichtl;

Ferdinand Vohburger: Liebe zu Griesbach. In: Bad Griesbach live – Kurmagazin. Nr. 12/1999, S. 4;

Helmut Wagner: Wenn sich die Quellen widersprechen... Zur Frage, wo Wilhelm Diess' Vater geboren wurde. In: Heimatglocken, Nr. 7, 1995, S. 3;

ders.: Der Eringer Mord von 1865 und eine Episode in Wilhelm Diess' Erzählung „Zwischen Donau und Inn". In: Heimatglocken, Nr. 6, 1998, S. 1-2;

Siegfried Wagner: Dieß, Wilhelm. In: Neues Handbuch der deutschen Gegenwartsliteratur seit 1945, begründet von Hermann Kunisch, herausgegeben von Dietz-Rüdiger Moser unter Mitwirkung von Petra Ernst, Thomas Kraft und Heidi Zimmer. München 1990, S. 134-135;

Alois Winklhofer: Der niederbayerische Erzähler Wilhelm Dieß. In: Zwiebelturm 7 (1952), H. 11, S. 263-265;

ders.: Wilhelm Diess. In: Schönere Heimat 43 (1954), H. 1, S. 23-24 u. S. 29;

ders.: Einführung. In: Wilhelm Diess, Die Heimat, von der ich rede. München o. J. [1959], S. 7-21.

Hinweise zur Textgestalt

Die Texte dieser Auswahlausgabe folgen der Druckfassung der Gesamtausgabe: Wilhelm Dieß, Das erzählerische Werk in Einzelausgaben, 1.-4. Band, herausgegeben von Friedhelm Kemp, München: Kösel-Verlag GmbH & Co., 1976/77. Druckfehler und offensichtliche Verschreibungen wurden stillschweigend korrigiert. In Zweifelsfällen wurden dabei die früheren Fassungen in Buchform zu Rate gezogen und Fehler entsprechend verbessert. Diese Korrekturen wurden nicht eigens angemerkt, da dieses Buch keine historisch-kritische Ausgabe sein will und sein kann. Bei der Schreibweise des Familiennamens „Diess" wurde die Variante gewählt, die der Verfasser selbst seit den 20er Jahren verwendet hat. Die Abkürzung „E" in folgender Übersicht bedeutet „Erstdruck in Buchform". An der Erstveröffentlichung in Buchform orientiert sich die Anordnung der ausgewählten Geschichten in dieser Ausgabe.

Aus Band 1 der Kösel-Ausgabe („Stegreifgeschichten") wurden aufgenommen:

In der Wachau (E 1936)
Die Marbauernbuben (E 1936)
Verzula (E 1936)
Die gefrorenen Stiefel (E 1936)
Das Bombardon (E 1936)
Der Loipertshamer, Gott hab' ihn selig (E 1936)
Wespen (E 1936)
Ewige Rauferei (E 1936)
Der Schmied von Galching (E 1936)

Die Halsbinde (E 1936)
Reitunterricht (E 1936)
Der echte Piloty (E 1936)
Es wird gebohrt (E 1936)

Aus Band 2 der Kösel-Ausgabe („Das Geständnis") wurden aufgenommen:

Die Konkurrenz (E 1947)
Ikarus (E 1940)
Auf der Himmelsleiter (E 1950)
Der Schmied Dirian (E 1947)

Aus Band 3 der Kösel-Ausgabe („Der Blitz") wurde aufgenommen:

Der kleine Stall (E 1947)

Aus Band 4 der Kösel-Ausgabe („Madeleine Winkelholzerin und nachgelassene Erzählungen") wurden aufgenommen:

Madeleine Winkelholzerin (E 1954)
Papst Damasus II. (E 1952)

Bildnachweis:

Das Foto von Wilhelm Diess stammt aus dem Jahr 1954.

Zum Herausgeber:

Dr. phil. Hans Göttler, Jg. 1953, geboren und aufgewachsen als Weißbräu- und Gastwirtssohn in Simbach am Inn; Akademischer Direktor an der Universität Passau (Fachbereich Germanistik); seit 1981 verheiratet mit Maria Osterholzer, drei Kinder: Johannes, Franziska und Peter Osterholzer; Göttler lebt auf dem Osterholzerhof in Osterholzen (Gemeinde Kirchham, gelegen zwischen Rott und Inn).

Neben seinem Hauptarbeitsgebiet in der Didaktik der deutschen Sprache und Literatur beschäftigt er sich vorwiegend mit der bairischen Literatur und hat dazu folgende Bücher, Schriften und Tonträger herausgebracht: Emerenz Meier, Gesammelte Werke, 1991; Katharina Koch, Der große Dom, 1993; „Zwischen Donau und Inn… Dort liegt die Heimat, von der ich rede." Wilhelm Diess liest seine Erzählungen aus Niederbayern, 1994; Wilhelm Diess, Leben und Werk, 1996; Maria Mayer, Am Heimatbrunnen – Aus meinem Kinderland, 1997;"… Liebe zur Heimat und Wissen um sie…" Max Peinkofer spricht: „Die Maidult in Passau" und andere seiner Mundartdichtungen, 1998; Wilhelm Diess, Ein eigener Mensch, Ausgewählte Geschichten, 2000.

Auszeichnungen: Kulturpreis des Landkreises Passau 1993; Preis für gute Lehre des Freistaates Bayern 2000.